Bommi Baumann

Hi Ho

Wer nicht weggeht
kommt nicht
wieder

Frölich & Kaufmann im
Hoffmann und Campe Verlag

Danksagung:
Der Autor dankt für hervorragende Mitarbeit:
Anette Grotkasten, Ute Schaub und
Michael Sontheimer

CIP-Kurztitelaufnahme der Deutschen Bibliothek

Baumann, Michael:
Hi ho: wer nicht weggeht, kommt nicht wieder /
Bommi Baumann. – 1. Aufl. – Hamburg : Frölich
und Kaufmann im Hoffmann u. Campe-Verl., 1987
ISBN 3-455-08655-1
Vw: Baumann, Bommi [Pseud.] → Baumann, Michael

Frölich & Kaufmann, Berlin
im Hoffmann und Campe Verlag, Hamburg
Copyright © 1987 by Frölich & Kaufmann im
Hoffmann und Campe Verlag, Hamburg
Umschlaggestaltung: Anette Grotkasten
Gesetzt aus der Melior
Satz: Utesch Satztechnik GmbH, Hamburg
Druck und Bindung: Clausen & Bosse, Leck
Printed in Germany

Inhalt

Eine Botschaft aus dem Radio 7
Der Zettel 10
Der Dicke 12
Vom Bahnhof Friedrichstraße ins PLO-Hotel 15
Auf den Dächern standen Soldaten
mit Maschinenpistolen 20
Eine andere Welt 26
Es gibt auch noch Frauen 29
Warum soll ich Menschen töten? 32
Sie haben einfach geheult 35
Durch Afghanistan 38
Die Großmutter des Clans 41
Die Hippies in Kabul 44
Stoned on Stalins Grab 49
Ich hasse Berlin 55
Allein auf dem Hügel 56
Im Stasi-Knast 59
Milliardärssohn, aber nichts zu fressen 65
Die Kollegen von der Marighuelha 68
Wieder gen Osten 71
Die Straße 75
Die türkische Grenzstadt zu Iran heißt Makul 78
Ich bin doch nicht dein Staatsanwalt 85
Mit dem Sufi unterwegs 89
Der Khyberpaß 92
Keine Polizei, keine Gefängnisse 95
Ein magisches Stück Straße 100
Tee und Müsli 105
Im Swat Valley 109

Wenn die Herren aus dem Haus sind,
tanzen die Frauen 111
Die Teilung von Indien und Pakistan 116
Taxila und Rawalpindi 118
Lahore, Grenzstation zu Indien 122
Die Sikhs in Amritsar 124
Ein spiritueller Trip 126
Indien ist wie ein Rausch 129
In Kaschmir 134
Delhi, Tadsch Mahal und die Moguln 136
Witwenverbrennungen und Matriarchat 141
Weiter nach Bombay 144
Bombay ist meine Stadt 147
Mystik und Opiumhöhlen 151
Menschenmassen 155
Kühe und Ratten 159
Die Hippie-Kolonie Goa 163
Drogenrausch und Kräuterhexen 168
Immer hinterher –
das BKA-Zielfahndungskommando 173
Verhaftung in Goa –
ein Knast wie im Mittelalter 177
Ab nach Rom 180
Und plötzlich sah ich die Leiche
von Aldo Moro... 183
Und wieder durch die halbe Welt 187
Deutscher Herbst in Pakistan 189
Die Russen kommen 192
Punk – Kulturrevolution in England 196
Die Verhaftung 202
Hi Ho 204

Eine Botschaft
aus dem Radio

Am 1. September 1972 sind der Dicke und ich von Berlin losgefahren. Davor, im Sommer 1972, bevor wir abgehauen sind, haben der Dicke und ich, ab und zu auch der Rest der »Bewegung 2. Juni« in einer illegalen Wohnung in Kreuzberg gewohnt. Irgendwann sollte ein Maler kommen und die Fenster im ganzen Haus streichen, also haben wir die ganze Wohnung – drei Zimmer und Küche – so hergerichtet, daß es aussieht wie bei normalen Leuten, schließlich hatte irgendein Uniprofessor die Wohnung für uns gemietet. Der Maler kam und hat die Fenster vorgestrichen, wir haben uns ganz normal mit ihm unterhalten. Am nächsten Tag bringt er ein Kofferradio mit und sagt schon gleich: »Den Baader von Baader-Meinhof haben sie verhaftet.« Es ist der 2. Juni 1972 – genau fünf Jahre vorher wurde Benno Ohnesorg erschossen, bei der Demo gegen den Schah vor der Oper: 2. Juni, der Tag hat es in sich.

Als der Maler – ein ganz normaler deutscher Handwerker, Anfang Fünfzig, der Mann – als der erzählt, der Baader ist in Frankfurt verhaftet worden, fällt mir der unheimlich schlaue Satz ein: »Na, dann werden wir den ja wahrscheinlich nicht mehr so oft sehen.« Das als Begrüßung. Der Maler kiekt erst mal schon. Er fängt an, die Fenster zu streichen, da läuft wieder eine Sondersendung: »Herr Baader, kommen Sie raus«, man hört Schüsse. Das alles live aus dem Radio, du stehst in der Wohnung, und der Mann streicht die Fenster. Dann ist er irgendwann fertig und sagt: »Ge-

hen Sie jetzt auf die Straße?« Ich sage: »Ja, das hab ick eigentlich vor.« – »Na, dann wünsch ick Ihnen mal viel Glück.« – »Ja, danke.«
Der hatte voll geschnallt, in wessen Wohnung er war, daß er bei Terroristen die Fenster gestrichen hat. Der hat uns nicht angeschissen, der Mann war ganz schwer in Ordnung. Bin mit dem die Treppe runtergegangen und dann rüber zu Inge Viett, die hat eine Querstraße weiter gewohnt.
Zu dieser Zeit begann auch der ganze Fahndungsdruck auf uns. Nachdem die RAF-Spitze weg war, fing der Apparat an, sich auf uns einzuschießen. Wir standen jeden Tag in der Zeitung, Horst Herold vom BKA hat irgendwelche Vorträge gehalten. Überall wurden Steckbriefe ausgehängt. Meine Wenigkeit ungünstigerweise immer vorne weg. Mit dem Anfangsbuchstaben B, biste ja immer gleich oben im Alphabet. Deutsche Ordnung muß ja sein, auch in diesem Zusammenhang. Dann hat auch der Herold erklärt, wir seien jetzt quasi die Speerspitze der Stadtguerilla. Zu dem Zeitpunkt haben sie uns bloße Mitgliedschaft in einer kriminellen Vereinigung vorgeworfen, sonst an sich gar nichts. Bis dann Viett, Becker, Sommerfeld und der berühmt-berüchtigte Herr Schmücker aufgeflogen sind. Sommerfeld und Schmücker haben uns alle belastet.
Damit waren wir auf den Titelseiten. Es wurden -zig Wohnungen in Kreuzberg nach einer Bombenwerkstatt durchsucht. Die Bullen waren schon ziemlich nahe dran. Ein guter Freund von uns kam frühmorgens in diese Wohnung, der war gerade eine Woche aus dem Knast. Wir haben zu ihm gesagt: »Mensch jetzt bloß hier raus aus der Wohnung, bist du irre, die Woh-

nung kennt ganz Berlin.« Och, hat er gesagt, die sind bis jetzt nicht gekommen... Und es ist auch wirklich niemand gekommen. Die Wohnung lag genau über den ehemaligen Druckräumen der anarchistischen Zeitung »883«. Unten war die »883«-Druckerei, darüber haben wir gewohnt. Es ist nie einer gekommen, weil sie immer in die Druckerei reingerannt sind. Da standen auch immer Bullen vor der Tür – sogar noch zwei Jahre später, als ich aus Asien zurückkam. Du konntest einfach an denen vorbeigehen, es hat sie nicht gestört.

Alle sagten dann, ihr müßt raus aus Berlin, wir sind frühmorgens noch umgezogen. Unser guter Freund ist dann zu Rudi gegangen, zu Rudi Dutschke, und hat ihn um seine Meinung gefragt. Rudis Vorschlag war: »Ja dann geht doch nach Chile, Genossen, und helft den Sozialismus aufbauen.« Na, da hab ich gesagt: »Sag mal Rudi, haste 'ne Macke? Ich hau doch nicht aus Berlin ab, um vom Regen in die Traufe zu kommen. Das geht doch in Chile nur noch ein paar Wochen. Da kann ich besser hierbleiben.«

Es war ein tierischer Rummel in der Stadt, wir waren jeden Abend in der »Abendschau«, denn sie hatten ja nur noch uns, der Rest war weggefangen. Die RAF war zu dem Zeitpunkt praktisch erledigt. Sie waren auch schon sehr dicht an uns dran. Der Rest der Studentenbewegung hat uns nicht mehr geholfen. Sie haben richtig die Türen zugemacht. Seht mal zu, wie ihr klarkommt. Das ist politisch nicht mehr in Ordnung – das war eine wunderschöne Ausrede. In Wirklichkeit hatten sie nur Schiß. Die Bewegung war ziemlich angeschlagen.

Der Zettel

Das Problem war, daß wir immer Waffen brauchten. Wir konnten gar nicht alle bewaffnen, die wir reinziehen konnten. Es gab eigentlich genug Nachwuchs. Wir waren etwa zwölf Leute. Vor der Tür standen ungefähr noch zwanzig, dreißig, die gern mitgemacht hätten. Wenn wir die Mittel gehabt hätten, hätten wir das Ding ausweiten können, zur Offensive übergehen können.
Bedrängt wie wir waren, hatten wir an sich genug Leute, um zu antworten. Wir hatten weder Waffen noch Sprengstoff noch Wohnungen, die logistische Struktur war einfach nicht mehr da. Wir konnten die Bewegung nicht noch mal ankurbeln.
Ich bin eines Abends zu einem alten Kumpel gegangen, den ich von der Gedächtniskirche kannte, um mal einen Joint zu rauchen, ein bißchen zur Ruhe zu kommen.
Da tauchten zwei andere Kumpels auf, die schon mal in Afghanistan waren. Sie sagten: »Alter, hol dir doch die Waffen vom Khyberpaß. Es gibt doch dieses Nest am Khyberpaß, Dera Ismail Khan, da kannst du einfach Waffen auf der Straße kaufen. Der Ort liegt in der Tribal Area, da kommt man sehr schwer hin. Wenn du hinkommst, gibt es da eine Straße, drei- bis vierhundert Meter lang: rechts und links nur Waffengeschäfte. Wenn ihr eure Leute bewaffnen wollt, fahrt da runter und holt das Zeug.«
Das war dann unsere eigentliche Absicht. Wir mieten uns dort ein Haus und können dann da auch alle Leute, die wir aus Kreuzberg kennen, ausbilden. Wir

haben die ja teilweise in den Wohnungen ausgebildet; da fiel dann auch schon mal ein Schuß, und du fragtest dich natürlich, was sagen jetzt wohl die lieben Nachbarn?
Es hat dann auch noch ein Woche gedauert, bis wir los sind. In der Zeit bin ich immer mit dem Mofa durch Berlin gefahren, im Schlosseranzug, hinten Rohrteile drauf, so als wenn ich zur Arbeit führe. Andreas Baader benutzte diese Tarnung auch. Mich haben sogar Leute angehalten und wollten mir eine Versicherung aufschwatzen.
Auf der Lietzenburger Straße habe ich dann ein Reisebüro gesehen, da hing ein Plakat im Fenster »Besuchen Sie Syrien« oder so ähnlich. Und ich dachte, wir wollen verreisen, also gehste mal rein. Das Reisebüro hat damals der PLO gehört. Ein Palästinenser sagte mir: »Du kannst von Schönefeld fliegen.« Ich wollte aber gar nicht von Ostberlin aus fliegen, sondern von Prag aus. Das war der Trick. Das Fahndungsloch in der Bundesrepublik ist die Friedrichstraße – alle Fahndung stoppt an der Friedrichstraße, dem Grenzübergang zu Ostberlin.
Das ist der Vorteil der deutschen Teilung, den muß man nutzen.
»Ich will über Prag fahren. Ja, das ist viel teurer, trotzdem. Zwei Karten brauch ich.« Da sagt der Typ vom Reisebüro: »Ich geb dir einen Zettel mit, dann kommst du in Damaskus besser klar. Ich merk doch, du bist kein normaler Mensch, bezahlst freiwillig den doppelten Preis.« Die Leute von der RAF sind damals auch mit Hilfe dieses Typs in die Trainingslager geflogen. Der hat gleich voll durchgeblickt. Durch einen blöden Zufall bin ich auf genau denselben Menschen gesto-

ßen. Auf dem Zettelchen stand etwas in arabisch – ich weiß bis heute nicht, was, aber das Zettelchen sollte uns noch sehr hilfreich sein.

Der Dicke

Den Dicken kenne ich von der Gedächtniskirche. Die ganze Bewegung ist ursprünglich 1964/65 entstanden, auf den Stufen der Kaiser-Wilhelm-Gedächtniskirche in West-Berlin. Mit den Leuten, die sich da trafen. Petra Schelm, die später in Hamburg erschossen wurde, saß damals auch da. Der »2. Juni« hat sich aus diesen Leuten rekrutiert, das waren eben keine Studenten, wie später die RAF. Wir stammten aus der Freak-Szene. Der Dicke auch. Als wir anfingen mit der Stadtguerilla, ist er durch Berlin gelaufen und hat Aufkleber auf Parkuhren geklebt. Auf denen stand: »Dieser Parkplatz gehört der Mafia.« Als ich diese Aufkleber gesehen habe, hab ich gesagt: »Den Mann, der die Dinger klebt, den brauchen wir.« So ist der Dicke zur Bewegung gekommen. Für uns war es keine Frage, ob bewaffneter Kampf oder nicht. Für uns war völlig klar, wir machen's. Denn wir haben uns auf den Stufen der Gedächtniskirche zwei Jahre lang nur diese Nazi-Sprüche angehört: Ab ins Arbeitslager, Benzin drüber und anstecken, oder euch langhaarige Penner sollte man vergasen. Bis wir irgendwann gesagt haben: Ja, dann paßt mal auf, was jetzt kommt. Das sind genau dieselben Leute, die Auschwitz gemacht oder zugelassen haben und die sagen: Du kommst jetzt auch noch auf die »Roste«. Da sagst du: Mit mir nicht. Ich schie-

ße, bevor es mir an den Kragen geht. Ich warte auch nicht darauf, daß ihr das nächste Auschwitz einrichtet, ihr Schwachsinnigen. Mit uns nicht. Jetzt kommt die Antwort: Here we go.
Diese Deutschen haben uns doch letztendlich auf den Punkt gebracht. Mein Vater war bei den Nazis. Als ich ein kleiner Junge war, hat er mich immer mitgenommen, ins Hotel »Stuttgarter Hof« am Stuttgarter Platz. Nach jedem Fußballspiel, das in Berlin stattfand, war der »Stuttgarter Hof« voll mit den Herren in den Ledermänteln, Herren mit diesen kalten, blauen Augen. Ich war so zwischen fünf und sieben Jahre alt. Diese Herren haben mich mit ihren kalten Augen angesehen und mir die Schulter getätschelt; es war entsetzlich. Ich hasse die Schweine richtig.
Es ging uns damals, da hat Ulrike Meinhof uns allen aus der Seele gesprochen, um Antifaschismus. Keiner will das begreifen, keiner spricht das aus. Es gibt eine Rede von Ulrike Meinhof bei einem Prozeß; da erzählt sie, wie sie als Kind gesehen hat, als ein Transport nach Auschwitz abgegangen ist. Sie hat am Bahnhof gestanden und hat gesehen, wie die Menschen in die Züge verladen wurden – da ist auch bei ihr – innerlich – der Zug abgefahren. Man kann da nicht zur Tagesordnung übergehen. Es sind nicht nur sechs Millionen Juden umgekommen, sondern auch deutsche Antifaschisten, Homosexuelle und Zigeuner: etwa 8 Millionen Menschen.
Aber es war nicht nur der Haß auf den Faschismus. Wir haben Rock 'n' Roll gehört; meinem Alten ist dann immer die Sicherung durchgebrannt. Bei Little Richard hat er gesagt: Dieses syphilitische Negergeschrei geht mir auf die Nerven. Wenn du ein Querkopf bist,

kommst du in Deutschland irgendwann an den Punkt, wo du über die Vergangenheit nachdenken mußt. Und wenn du begreifst, daß genau die, die dir sagen, wie du leben sollst, für die Greuel von damals verantwortlich sind oder ihren Blick abgewendet haben und nichts wissen wollten. Dann war das für uns der Punkt.

Ich bin in dem Bewußtsein groß geworden: Ich hasse diese ganze Generation. Die Geschichte spricht sie nicht frei. In Asien hast du dann plötzlich gemerkt, daß die jungen Leute vor den Alten Achtung haben. Das ist ja auch eigentlich der Normalfall, so soll's ja auch eigentlich sein. Das geht in Deutschland gar nicht. Das ist das deutsche Trauma. Der Terrorismus, der aus diesem Trauma entstand, ist zum zweiten deutschen Trauma geworden, das haben wir denen reingewürgt. Wenn ich heute diese Sprüche höre, wie: Die 68er-Generation, die sind schlimmer als die Nazis – da kommt's mir noch mal hoch. Wenn ich so was höre, dann könnt ich glatt noch mal losmarschieren. Ich versteh das schon, daß es auch heute noch Leute gibt, die auf solche Sprüche ausrasten. Mein Leben ist durch meine Erfahrungen in Asien anders verlaufen. Ich wende zum Beispiel Gewalt nicht mehr an. Das ist einfach nicht mehr drin. Aber ich kann Menschen verstehen, die es tun. Wenn diese Figuren weitermachen, trifft's eines Tages uns alle. Der bayerische Rechnungshof schreibt der Witwe von Herrn Freisler, daß sie selbstverständlich doppelte Rente bekäme, weil Herr Freisler ja auch in der Bundesrepublik Beamter geworden wäre.

Der Dicke und ich, wir waren die Jahre fast immer zusammen, bis zum Schluß. Der Rest von uns saß

später im Knast, wir haben den ganzen 2. Juni zusammen erlebt, die ganzen Jahre.
Der Dicke ist mir sehr ähnlich. Wir haben nur Tüten gedreht und Rock 'n' Roll gehört. Er fand Buddy Holly gut, ich Little Richard – das war der Unterschied. Und natürlich rumgefickt, alle Bräute von der Straße hochgeholt und dauernd Feten gefeiert. Das war den RAF-Leuten zu unseriös. Gudrun Ensslin hat mal zu uns gesagt: »Wie lauft ihr denn hier rum?« Vor allem mich hatte sie auf dem Kieker: »Hasch, lange Haare, kleine Mädchen ficken. Das macht Spaß, das darf es nicht. Das ist ein ernsthafter Job, den wir machen.«
Der Dicke sitzt heute wieder im Knast und ich hier wieder allein. Wir sind als einzige vom 2. Juni übriggeblieben. Das ist eine Geschichte wie die von den zehn kleinen Negerlein.

Vom Bahnhof Friedrichstraße ins PLO-Hotel

Am 1. September 1972 sind wir endlich aus Berlin abgehauen: Wir laufen im Bahnhof Friedrichstraße die Treppen hoch, da kommt uns die ganze Familie vom Dicken entgegen: seine Oma, sein Bruder, seine Mutter. Purer Zufall. Die sagen: »Wir fahren nach Dresden.« – »Da fahren wir auch hin, aber dann noch weiter bis Prag.« Die Oma war inzwischen schon über achtzig und ziemlich wirr.
Den Dicken durfte keiner mehr bei seinem richtigen Namen nennen, im Paß stand ja ein anderer Name. Aber die gute Oma hat den Namen ihres Enkels immer

durch den Zug gerufen. Wir saßen in einem anderen Abteil und haben nur gedacht: O mein Gott. Der Dicke hat immer nur gesagt: »Oma, sei doch still, ich heiße nicht mehr so.« Das war vielleicht eine Fahrt bis Dresden ... Ich hab immer nur gedacht: Wann hört die Alte endlich auf zu krähen. Es war entsetzlich.

Als die Familie in Dresden endlich ausgestiegen ist, waren wir fix und fertig. Dann sind wir weiter bis Prag und von dort mit dem Flugzeug über Zypern nach Damaskus. Wir mußten so reisen, damit das BKA unsere Spuren nicht verfolgen konnte. Wenn du über Damaskus kommst, kriegen die Bullen das eventuell noch mit, aber die Strecke über Friedrichstraße und Prag nicht, weil sie an die Fluglisten der Ostblockländer nicht rankommen.

Bei unsern Reisen war natürlich unsere Illegalität immer ein Problem. Wir mußten ja unentwegt reisen. Wir mußten sehen, wie wir zurechtkamen. Es ist doppelt so schwierig wie für einen normalen Reisenden, der ja immer eine Rückversicherung hat, und sei es das deutsche Konsulat, das ihn notfalls ausfliegt oder das Geld fürs Ticket vorstreckt.

Wir sind frühmorgens in Damaskus gelandet. Es war ein Jahr vor dem Jom-Kippur-Krieg zwischen Israel und Syrien und Ägypten. Aber auf den Golan-Höhen kämpften schon Truppen der Syrer und der Israelis. Der Golan liegt 80 Kilometer von Damaskus entfernt, den kannst du von Damaskus aus sehen, wenn du auf einem Hochhaus stehst.

Wir hatten diesen Zettel dabei, den uns der Palästinenser in dem PLO-Reisebüro in Berlin geschrieben hatte, und alle Taxifahrer und überhaupt alle, denen ich ihn in Damaskus unter die Nase gehalten habe,

reagierten darauf wie verhext. Als wir gelandet waren, hab ich den Zettel einem Taxifahrer gezeigt, ich dachte, da steht vielleicht ein günstiges Hotel drauf. Der Taxifahrer sagte gleich: »Yes, Sir«, und ist losgebraust. Wir haben nie für ein Taxi bezahlt, keinen Pfennig in Damaskus gelassen. Das ging alles mit dem Zettel. Auch die Kontrollen am Flughafen waren trotz langer Haare, die die da nicht so gern hatten, kein Problem. Wir hatten die langen Haare, weil wir auf den Steckbriefen immer nur mit kurzen abgebildet waren. Als die uns wegen unserer langen Haare nicht reinlassen wollten, hab ich den Zettel gezeigt. Sofort erhielten wir unseren Stempel und durften durch. Die PLO, die Arafat-Leute, hatten zu dieser Zeit in Damaskus am Flughafen noch mal eine eigene Paßkontrolle – auch da wirkte der Zettel wieder Wunder. Sie haben uns sogar noch 'ne Taxe rangewinkt, Hände geschüttelt, dann ab ins Hotel. Später habe ich den wunderbaren Zettel weggeschmissen, in Afghanistan, wo es keine PLO gab. Man darf ja nie irgend etwas an Schriftlichem bei sich tragen: Anschriften, Telefonnummern etc. Man reist halt anders, muß alles im Kopf haben: alle Telefonnummern und Adressen in der Heimat.
Der Taxifahrer hat uns in ein Studentenhotel gefahren, das größte Hotel von ganz Damaskus, direkt am Stadtrand. Ein Riesen-Betonkasten, mit zwanzig Stockwerken. Dort konnten wir auch umsonst wohnen. Als wir da frühmorgens in Damaskus ankamen, war alles voll mit Militär. Wir waren die einzigen Zivilisten, die einzigen Europäer und dann auch noch unseligerweise die einzigen Langhaarigen auf der Straße. Alle andern trugen Uniformen. Sie kamen frühmorgens aus den Häusern und rannten in ihre Kasernen. Es war so,

als wäre der Krieg schon ausgebrochen, nur Soldaten auf der Straße, von ein paar Schuhputzern abgesehen. Die Taxis waren alte Ami-Kreuzer, in denen so viele Leute mitfuhren, wie mit Ach und Krach reinpassen. Du sagst, wo du hinwillst, und der fährt die einzelnen Ziele der Leute an, in der Reihenfolge, wie sie eingestiegen sind. Wenn du mit jemandem in dieselbe Richtung fährst, dann kannst du mit dem den Fahrpreis teilen.
Wir waren todmüde, als wir endlich im Hotel ankamen, weil wir die ganze Reise nicht geschlafen hatten. Ich sage zum Dicken, ich gehe noch mal auf die Toilette – die war draußen. Der Dicke schließt hinter mir zu, das höre ich noch. Als ich wiederkomme, macht er nicht mehr auf, er wacht einfach nicht mehr auf. Der Mann war so fertig, er ist eingeschlafen und nicht mehr wach geworden. Ich trete gegen die Tür und rufe: »Mach doch auf, du Schwachkopf.« Ist nicht. Mir fällt ein, daß die Balkontür offen ist wegen der Hitze. Jetzt kommt nebenan so ein Palästinenser raus. »What do you want? What's happening?« und redet auf mich ein. Ich sage, du paß auf, mein Kumpel ist eingeschlafen, ich muß mal über den Balkon in unser Zimmer einsteigen. Das Ganze spielte sich im zehnten Stock ab. Ich also bei dem ins Zimmer rein, an der Fassade rumgeturnt und bin gerade auf diesem Scheißbalkon vor unserem Zimmer gelandet, da fliegen die Israelis einen Angriff. Zwei, drei Phantom oder F 14 kamen da plötzlich im Tiefflug ran. Sie haben eigentlich gar nicht viel gemacht, sind bloß rüber, sie haben vielleicht schon alles ausgespäht für später. Dann die syrischen Jäger hinterher. Die Syrer haben ihre Düsenjäger in Damaskus in irgendwelchen Garagen versteckt. Ein

Funkwagen macht die Straßen frei, alles fährt an die Seite, auf einmal kommt ein Düsenjäger angefahren, und der Highway ist die Start- und Landebahn für ihn. Das waren ihre Flugplätze, nachdem ihnen die Israelis im Sechs-Tage-Krieg mit einem Schlag alle Flughäfen zerstört hatten. Stell dir mal vor, in der Mönckebergstraße in Hamburg rollt auf einmal ein MIG-Jet an und startet. Es war wirklich irre. Ich habe auf dem Balkon gestanden, eine Tüte gedreht und mir das angesehen. Du kannst ja nichts machen. Links und rechts auf den Balkons haben die Palästinenser mit ihren Kalaschnikows losgeballert; ein vollkommenes Chaos.

Der Dicke ist auch davon nicht wach geworden. Er hat sogar einen Luftkampf verschlafen. Im Jom-Kippur-Krieg hat dieses Hotel einen richtigen Volltreffer gekriegt. Es hat richtig geknallt in dem Ding, weil vor allem Palästinenser drin saßen, auch palästinensische Studenten.

Wir haben uns noch in der Nacht mit Palästinensern unterhalten, sie waren unheimlich gastfreundlich – wie fast alle Araber. Wir haben mit ihnen über Palästina und ihren Kampf geredet. Zu der Zeit war die PLO noch ziemlich mächtig, ihre Kämpfer sind jedenfalls so aufgetreten. In den Straßen mußten die Leute, wenn PLO-Leute kamen, zur Seite gehen. Bei der syrischen Armee nicht. Sie haben sich schon ganz schön aufgeführt, als ob sie die Stärksten sind, haben auch richtig Kontrollen in Damaskus durchgefürt. Am Flughafen hatten sie eine eigene Paßkontrolle. Sie hatten schon richtig das Sagen. Inzwischen hat sich das gründlich geändert.

Wir sind dann weitergeflogen nach Bagdad. Oje, sind

die Leute da finster drauf. So was von finster drauf habe ich noch nicht erlebt. Die Frauen sind total verschleiert mit dem Tschador. Wenn da eine Verschleierte auf der andern Straßenseite läuft, und du kiekst automatisch rüber, weil das ein ungewohnter Anblick ist, dann schmeißen sie Steine nach dir. Die sind richtig irre geworden. Das sind richtige Wahnsinnige. Die Irakis sind noch fanatischer drauf als die Perser, total aggressiv, total hektisch, noch wilder, als die Arabs ohnehin sind. Die Syrer sind ruhig dagegen, oder die Ägypter. Da sind wir gleich weiter, bloß raus hier. Ausgestiegen, eine halbe Stunde geguckt und gesagt: Alles klar, Wiedersehen, es reicht!

Auf den Dächern standen Soldaten mit Maschinenpistolen

Wir sind von Bagdad nach Teheran geflogen, das war noch zu Regierungszeiten des Schah, dieses Verbrechers. Es war, als ob du nach Deutschland kämst. Als wir mit dem Bus vom Flughafen in die Innenstadt gefahren sind, dachte ich, wir sind in Braunschweig gelandet, der Käpt'n hat sich leider verflogen. Dort standen genau die gleichen Fahndungsplakate wie in Deutschland, mit dem roten Rand, aber mit ihren Leutchen drauf, mit denen, die der Schah gesucht hat; Mudschahedin und irgendwelche Schiiten. Und dann die Häuser mit den Fernsehantennen. Frühmorgens waren kaum Leute auf der Straße. Es sah wirklich aus wie ein Vorort irgendeiner Stadt in Deutschland. Die ganzen Neubauten und die Mercedesse vor der Tür. Es war nicht auszuhalten. Zu der Zeit sind die Leute in Teheran herumgelaufen, und jeder hat nach unten gesehen. Ich habe auch keinen Menschen mehr angeguckt. Keiner hat den Kopf gehoben, von den Mullahs abgesehen. Sie waren die einzigen, die aus der Menge herausragten, weil sie mit erhobenem Haupt durch die Straße gingen. Mitten im Gedränge hast du plötzlich einen Kopf gesehen.

Oben auf den Hausdächern standen Soldaten mit Maschinenpistolen, um zu kontrollieren, ob da irgendwas los ist. Zu der Zeit lief gerade eine Serie von Anschlägen. Ähnlich wie in der BRD. Vor jeder Bank stand ein ganzer Pulk Soldaten mit aufgepflanzten Bajonetten. Da war nischt mehr mit Banküberfall. Da wärst du nur mit einer wilden Schießerei reingekommen.

Die ganze Stimmung in Teheran war vollkommen depressiv, der Verkehr dagegen total aggressiv. Das ist so ziemlich der übelste Straßenverkehr der Welt. Angesoffen, und dann richtig aggressiv drauf.

In Teheran hat man diesen Zwiespalt gespürt, wenn zwei Welten aufeinandertreffen, Ost und West. Den Leuten wurde das westliche Leben und Denken aufgedrängt, notfalls mit Waffengewalt. Die verstehen es nicht, die kommen damit nicht klar. Es ist nicht ihre Welt. Die müssen eine Entscheidung treffen, zwischen Mercedes und Moschee. Sie haben sich für die Moschee entschieden. Dieser Konflikt hat sie richtig fertiggemacht. Das hast du deutlich gespürt. Es wurde von Jahr zu Jahr schlimmer.

Ich war später noch häufiger in Teheran, und jedesmal war die »Zivilisation« einen Schritt weiter. Der ganze westliche Scheiß war da. Du hast auf den Straßen die

Bild-Zeitung vom Tage kaufen können. Ich bitte dich, genauso wie hier, in einem Kästchen, wo du Geld reinschmeißt. Auf der Hauptstraße von Teheran. Heute heißt sie Talegani-Avenue, früher hieß sie Schah Reza, ist ja klar. Da hieß alles Schah Reza oder Pahlewi. Das hatte mit Orient nicht mehr viel zu tun.
Es war ein beinahe europäisches Straßenbild mit Kofferradios, Verkehrsampeln und so. Die Leute trugen auch westliche Kleidung. Die Männer jedenfalls, und die Frauen größtenteils auch, jedenfalls in der Stadt. Damals unter dem Schah in Persien sind die auch mit Miniröcken rumgelaufen, blondgefärbten Haaren und Lippenstift. Es gab überall Jeansboutiquen. Es wurden auch so moderne Betonkolosse gebaut, Einkaufszentren, mit Boutiquen und Cafés. Mitten in Asien bist du dann in so ein Ku'damm-Eck eingetreten. Vollkommen absurd, völlig weg von der Realität. Ich habe später mal frühmorgens in einem Hotel in Gorgan gesessen – das ist hinter dem Kaspischen Meer, Richtung russische Grenze, Aserbaidschan – und am Nebentisch saß eine Avon-Vertreterin und hat neue Avon-Vertreterinnen ausgebildet, mitten in einer typisch asiatischen Welt, in der Wüste noch dazu: »Meine Damen, dieses Produkt...«, kein Spruch. Eine Vertretermeute, die sich in einem Hotel trifft und dieselben Produkte verhökern will wie bei uns.
Es war Mitte September, und der Dicke und ich kamen nicht aus Teheran heraus, denn zu dieser Zeit pilgern die Gläubigen alle nach Maschad. Maschad ist eine heilige Stadt für die Schiiten, weil dort einer ihrer Imame begraben liegt, also einer, der nach Hussein Ali kam, der dritte oder vierte Imam der Schiiten. Bei den Moslems spielen Friedhöfe und Gräber eine ganz an-

dere Rolle als bei uns. Da ist immer die Scene. Wenn du in irgendeiner islamischen Stadt Drogen suchst oder so, dann ist der sicherste Tip, auf dem Friedhof zu suchen, denn dort ist immer irgendein Heiliger begraben, und um dessen Grab sitzen immer Sufis, die dir zumindest was vermitteln können. Die Muslims haben ein anderes Verhältnis zum Tod als wir, für sie ist ein Friedhof nicht etwas, wo man einmal im Jahr hingeht, um ein paar Blumen zu gießen. Da ist immer was los. Kinder spielen da, und es sagt kein Mensch etwas, wenn sie zwischen den Gräbern mit dem Ball rumtoben.

Zu Hunderttausenden pilgerten die Gläubigen nach Maschad, in Zügen, Lastwagen oder Flugzeugen, alles ausgebucht. Wir haben nach zwei Tagen Warten endlich einen Platz in einem Bus gekriegt und sind von Teheran bis Maschad gefahren, sind durch den halben Iran gefahren. An die 24 Stunden saßen wir im Bus.

Wir sind am frühen Morgen in Maschad angekommen, und da war es schon ein bißchen liberaler, obwohl religiös mehr los ist als in Teheran. Es war schon ein bißchen lässiger, weil die afghanische Grenze in der Nähe ist. Schon ein bißchen asiatischer. In Maschad haben sie zwar auch versucht, westliche Architektur und all das Drum und Dran einzuführen, aber es geht da gelassener zu. Es gab auch weniger Polizei.

Diese große Moschee von Maschad ist berühmt, eine der berühmten Moscheen der Welt. Sie hat vergoldete Kuppeln, und die ganze Moschee ist mit türkisen Mosaiken ausgelegt. Blau und türkis mit Blumenranken drin, wunderschön. Innen in die ganze Kuppel sind Spiegelpyramiden eingesetzt, Stalaktiten von Lichtern.

Vor der Moschee ein einziges Geschiebe und Gedränge: Schlangenbeschwörer, Tänzer und Fakire, Schiiten neigen zu Ekstase. Sie haben so einen Kick ins Jenseits mit ihrem ganzen Märtyrertum. Da hat sich morgens richtig was abgespielt.

Das Wort »Schia« kommt von Schia Ali, Partei Alis. Es ging um die Prophetennachfolge. Ali war der Cousin und Schwiegersohn Mohammeds. Mohammed hatte nur eine Tochter namens Fatima, ein Sohn ist schon als Kind gestorben. Als Mohammed starb, hatte er seine Nachfolge nicht geregelt. Also haben sie Abu Baga als Kalifen gewählt. Für die Schiiten hätte es automatisch Ali sein müssen, weil er der nächste Blutsverwandte war. Es ist eigentlich eine Religion der Blutsverwandtschaft. Die Familienbande sind letztendlich ausschlaggebend. An erster Stelle stehen nicht das Buch oder der Gehorsam gegenüber dem Gesetz, sondern die Blutsbande. Ali hätte also Kalif werden müssen, ohne demokratische Mätzchen, rein von der Abstammung her. Aber es begannen Diadochenkämpfe. Ali wurde in der Moschee erstochen. Netschef Ali heißt der Ort heute, er liegt im Irak und ist eine heilige Stadt. Die Anhänger Omars haben Ali ermordet. Omar war schon Kalif und saß in Bagdad. Ali hatte zwei Söhne. Der ältere, Hassan, verzichtete aufs Kalifat. Dem war das zuviel Trouble, er hat gesagt: Macht mal – aber ohne mich. Der jüngere, Hussein, hat erklärt, er sei der rechtmäßige Kalif, und hat sich mit 300 Mann bei Kufa einer Streitmacht von 10 000 Männern gestellt. Ein vollkommenes Selbstmordkommando, Kamikaze. Er wurde auch total aufgerieben und ist deshalb für die Schiiten der große Märtyrer. Seine Leiden werden in Schauspielen gefeiert. Aschura, der

Tag, an dem er gestorben ist, ist ein großes Fest für die Schiiten. Da rennen sie durch die Straßen, geißeln sich, schlagen sich mit Rasierklingen auf den Kopf, bis das Blut fließt. Ein Ritual, wie es das in vielen Religionen gegeben hat, auch im Christentum – deshalb für einen Katholiken gut nachvollziehbar.

Der Dicke und ich hatten die Feiertage glücklich überstanden in Maschad, anschließend sind wir mit einem Afghani in einem klapprigen Bus in Richtung Grenze gefahren. Da geht es noch mal durch die Wüste, stundenlang, ehe du die Grenzstation Taibabad erreichst. Da habe ich zum ersten Mal die Frömmigkeit der Muslime direkt mitgekriegt. Wären wir weitergefahren, hätten wir die afghanische Grenze noch erreicht, aber es war Gebetszeit. Also hat der Bus angehalten, mitten in der Wüste. Die Leute zogen die Schuhe aus; wer einen Teppich dabei hatte oder irgendein Tuch, breitete es aus. Sie haben gebetet. Die Sonne versank hinter den Bergen, es war ein schönes Bild. Ich habe Achtung vor ihnen gekriegt, denn eigentlich wollte keiner die Nacht noch hier verbringen. Alle wollten nach Afghanistan rüber, denn da konnten sie in Ruhe Haschisch rauchen – damals noch –, und es gab keine Polizei und nichts. Eigentlich wollten sie alle raus aus dem Iran, aber das Beten war für sie eben wichtiger. Vor solchen konsequenten Leuten habe ich Achtung. Wir sind halt die Nacht noch in Taibabad geblieben, haben in einer Moschee geschlafen. Am nächsten Morgen fuhr uns ein kleiner Transporter direkt an die Grenze.

Eine andere Welt

Afghanistan, das ist, als wenn du in eine andere Welt eintrittst. Als wenn die ganze Welt anders aussähe, die Sonne, die Berge, das Licht. Du verläßt den Westen endgültig. Es gab die Grenzhäuser noch nicht, die sie später gebaut haben, sondern einfach nur eine Holzbude in der Wüste. Der afghanische Grenzort, das waren nur ein paar Lehmhütten, eine Moschee und ein paar Bäume irgendwo in der Wüste. Das heißt Islam Qala. Auf einmal gelten die gewohnten Regeln nicht mehr. Wenn einer Auto fährt, dann hat es natürlich kein Nummernschild, völlig klar, der Fahrer hat auch keinen Führerschein. So was kennt man dort alles nicht. Die afghanischen Zöllner haben überhaupt nicht mehr durchgeblickt. Einer hat dagesessen und war völlig zugeraucht, ganz kleine rote Augen, und hat lachend in die ganzen Pässe wahllos Stempel reingehauen. Der gute Mann hat in seinem Rausch einfach drauflos gearbeitet. Dann hat er mir lachend den ganzen Stapel Pässe in die Hand gedrückt und gesagt: »So, geh mal verteilen!« Na, wat denn, icke? Also ich stecke die alle ein, bestenfalls, Pässe kann ich immer gebrauchen. Na gut, also haben wir die Pässe verteilt.

Afghanistan war damals das krasse Gegenteil von Iran. Der König war noch dran. Gut, was die meisten Hippies zu der Zeit hingeführt hat, war das Dope, die Tatsache, daß sie endlich in Ruhe Haschisch rauchen konnten: wie damals der Goldrausch in Alaska oder Kalifornien, Trecks von Leuten auf der Suche nach einem Stoff, nämlich Haschisch. Heute gibt es überwiegend Opium, aber damals ging es hauptsächlich um Haschisch. Regelrechte Karawanen, Leute mit Kindern, ganze Busladungen, Leute auf dem Fahrrad, Wahnsinn, zu Fuß. Du mußt dir einen Grenzübergang vorstellen. Plötzlich tauchten an diesem Grenzübergang Tag für Tag zweihundert, dreihundert Hippies auf, eine richtige Invasion. Also die Afghanis waren überhaupt nicht darauf vorbereitet. Sie haben als erstes pro Eintritt sieben Dollar Visagebühr erhoben und sich natürlich gefreut. Für so ein armes Land ist das viel Geld. Vor der russischen Invasion hat der Hippie-Treck die Hälfte der Einnahmen des afghanischen Staates ausgemacht. 15 Millionen Dollar. Die Afghanen hatten einen Haushalt von 30 Millionen Dollar, und 15 Millionen haben die Hippies ins Land gebracht. Zunächst die sieben Dollar »Eintrittsgebühr«, dann aber ging es erst richtig los. Fast jeder hat Haschisch gekauft. In Islam Qala stand neben dem Zöllner, der dir den Stempel in den Paß gedrückt hat, schon einer, der dir eine Platte Haschisch hingehalten hat. Alle haben geraucht, auch die Zollbeamten, alle haben dir Joints in die Hand gedrückt. Heute steht immer irgendwo ein Russe herum. Denkst du, der läßt dich da mit Rauschgift hantieren? Diese Art der Gemütlichkeit ist vorbei.

Nach der Paßaktion bin ich in eine Bank gegangen. Es gab da eine Bank, und ich mußte ja irgendwie an örtliche Währung kommen. Ich gehe rein in die Bank, und erst mal ist da überhaupt niemand. Dann kommt plötzlich einer und fragt: »Was willst du denn?« Ich will Geld wechseln. Da fängt der an zu lachen: »Das geht nicht. Geh doch auf den Schwarzmarkt, da kriegst du doch sowieso mehr. Warum kommst du denn in eine Bank? Außerdem habe ich den Tresorschlüssel schon vor einem Jahr verloren, und ich habe den noch nicht wiedergefunden.«

Auf dem Schwarzmarkt saßen ein paar Typen mit einem grünen Blechkasten vor sich, die wechselten mir dann das Geld. Ich bekam natürlich einen viel besseren Kurs, als ich ihn in der Bank bekommen hätte.

Die Häuser hinter der Grenze sind aus Lehm und gehäckseltem Stroh, einfach glatte Wände hochgezogen und so. Die Dächer haben ein paar Holzbalken und noch mal Stroh und Lehm. Wenn du Pech hast und es regnet zuviel, dann saugt sich der ganze Lehm voll, und die Decke kommt einfach runter. Stabiler gebaut sind eigentlich nur die Moscheen. Für die Moscheen verwenden sie auch andere Baumaterialien, jedenfalls in Afghanistan nehmen sie dafür richtige Mauersteine. Die Lehmhäuser haben einen Vorteil: Wenn ein Erdbeben kommt und sie stürzen ein, kann nicht viel passieren. Sie sind auch leicht wieder aufzubauen. Stein- oder Holzhäuser siehst du sehr selten. Eher in Gegenden, wo noch viel Wald steht.

Der größte Teil Afghanistans besteht einfach aus Steinwüste, einer graubraunen, endlosen Steinwüste. Am Horizont sieht man links und rechts ab und an Schneeberge. Es ist eine sehr karge Landschaft. Die Wüste hat es in sich. Die Wiege von Judentum, Christentum und Islam stand in der Wüste. Ihre Propheten kamen aus der Wüste. Die Einsamkeit nachts in der Wüste vermittelt ein Gefühl von Weltraum. Wenn du da dann noch fastest und nicht schläfst, kriegst du schnell Visionen. Das ist nur eine Frage der Zeit. Mohammed Ibual, der sich um die Gründung Pakistans bemüht hat, hat mal über Nietzsche gesagt: »Bei uns wäre er nicht irre geworden, bei uns hätte er in die Wüste gehen können.«

Ab und an siehst du Karawanen, die schwarzen Zelte der Nomaden oder so einen ganzen Trupp von Kamelen herumziehen. Das ist das einzige. Keine Autos, 1972 gab es so gut wie keine Personenwagen. Ich glaube, die hätte man zählen können. In Kabul hatten sie ein paar, und in Kandahar, in Herat gab es vielleicht drei oder vier. Das war schon irre.

Es gibt auch noch Frauen

Eines ist uns sofort aufgefallen: Die Afghanis sind schon richtig orientalisch gekleidet. Die Männer tragen lange Pluderhosen und ein weites Hemd, meistens eine Weste darüber, und einen Turban. Falls es kalt werden sollte, legen sie sich eine Decke um die Schultern. Von den Frauen ist so gut wie nichts mehr zu erkennen. Nur ein Käppi, von dem der Stoff um sie herum bis auf die Erde fällt. Dunkelgrün, schwarz, rot, hellblau oder weiß, aber immer der gleiche Stoff, so eine Art Musselin. Vor den Augen tragen sie eine Art Fliegengitter. Du siehst nicht mal die Augen, du siehst nichts. Höchstens beim Gehen die Fersen, wenn sie Pantoffeln tragen. Daran kannst du eventuell erkennen, ob sie alt oder jung ist. Ob sie dick oder dünn ist, kann man nicht sehen. Eine Frau, die im neunten Monat schwanger ist, kann man nicht unterscheiden von einer Jungfrau. Und du darfst sie nicht mal angukken, geschweige denn anreden. Höfliches Benehmen ist geboten. Wenn du irgendwohin kommst, wo Frauen

sind, mußt du guten Tag sagen, deinen Blick auf die Erde senken und dich sofort wieder umdrehen und weitergehen. Nehmen wir mal an, du wohnst bei den Leuten, und durch irgendeinen Zufall machst du eine Tür auf und kommst in einen Raum, wo nur Frauen sitzen: Dann mußt du sofort zu Boden sehen, salem aleikum sagen und gehen. So verhältst du dich richtig. Wenn du sie anstarrst und stehenbleibst, begehst du schon ein todeswürdiges Verbrechen. Dafür kann der Alte dich umlegen. Oben am Khyberpaß wird dann sogar geschossen. Wenn da eine Frau auf dem Feld arbeitet und ein Fremder zu ihr geht, guten Tag sagt und anfängt zu reden, und wenn ihr Alter das sieht, zieht er sofort die Knarre und ballert ohne Vorwarnung los. Auf dem Gebiet ist mit denen überhaupt nicht zu spaßen, für einen Europäer unfaßbar, aber wahr.
Frauen sind auch nur unterwegs, wenn es sich nicht vermeiden läßt. Auf dem Land kann es vorkommen, daß eine Frau nur zweimal in ihrem Leben das Haus verläßt. Das erste Mal, wenn sie heiratet. Dann fährt sie von ihrem Vaterhaus zum Haus ihres Ehemannes. Das zweite Mal verläßt sie das Haus ihres Mannes – wenn sie tot ist.
Für die Arbeit auf den Feldern nehmen sie lieber die Kinder als die Frauen. Im Haus, okay, da macht die Frau alles, das ist klar. Da kümmert sich der Alte einen Scheißdreck drum. Er geht dafür einholen auf dem Basar.
Das ist schon sehr archaisch, ein totales Patriarchat. Am Anfang habe ich das gar nicht so bemerkt, weil es ja noch die Hippie-Mädchen gab. Auf der ersten Reise haben wir in diesen Hotels für europäische Hippies

gewohnt. Wir kannten uns noch nicht aus. Dort saßen eben Leute wie du und ich. Da fällt dir die Unsichtbarkeit der Frauen gar nicht so auf. Als ich in Telan gewohnt habe, stand ich drei Monate später in Kabul auf dem Basar, wo es eine Mädchenschule nach europäischem Vorbild gibt. Auf einmal kommen die ganzen Teenies raus, unverschleiert, in einer Schuluniform. Als ich nach drei Monaten alle diese Schulmädchen gesehen habe, habe ich wirklich mit offenem Maul dagestanden und plötzlich gemerkt: Die gibt es ja auch noch. Plötzlich die Erkenntnis, es gibt ja auch noch Frauen auf dieser Welt. Vollkommen irre. Muß unheimlich intelligent ausgesehen haben, wie ich da mit offenem Maul stand. Eine Erkenntnis, die nichts mit Sex zu tun hatte, sondern mehr ein Dämmern war: Natürlich, es gibt ja auch noch Frauen.
Von der Grenze in Islam Qala sind wir mit einem Bus bis Herat gefahren, vielleicht noch mal 200 Kilometer durch die Wüste. In dem kleinen Mercedesbus hatten sie zwei Fahrer, der eine hat gelenkt, der andere Kupplung und Bremse bedient. Nach jeder Kurve haben sie sich grinsend zugenickt, so nach dem Motto »wir haben es geschafft«. Sie sind gefahren wie die Henker, was die Karre hergab. Wir haben hinten gesessen und haben Tränen gelacht. Der eine hatte einen Strohhut auf, der bestand nur noch aus der Krempe. Das Oberteil war verschwunden. Sein Kollege hatte einen Turban und einen Bart, und in jeder Kurve haben sie sich mächtig gefreut, daß sie schon so weit gekommen sind. Der Bus war vollgepackt bis unter das Dach. Du konntest dich nicht mehr bewegen. Draußen haben welche gehangen, auf dem Dach noch welche gesessen, das ganze Ding war hoffnungslos überladen.

Zwischendurch hielten wir an einem Rasthaus. Das war dann schon nicht mehr wie in Teheran, sondern es lag einfach ein Stück Tuch oder Teppich auf dem Boden. Da setzten wir uns drauf, sie stellten uns Tee hin, und fertig.
Damals haben alle geraucht. Sie haben mit Wasserpfeifen dagesessen, die ganzen Rauschebärte. Und die waren zugeraucht. Die »Kellner« haben versucht, uns gleich ein Stück Haschisch in die Hand zu drücken, uns was zu verkaufen.

Warum soll ich Menschen töten?

Abends sind wir endlich in Herat angekommen. Herat war damals die goldene Stadt des Orients, wie in »Tausendundeine Nacht«. Drei Autos hatten sie zu dieser Zeit, die Leute gingen zu Fuß oder fuhren in Pferdedroschken. Die Droschken waren aus Holz mit Messingbeschlägen. Die Pferde waren mit Glöckchen und bunten Federn geschmückt. Dann diese Basarstraßen mit ihren Lehmhäusern. Als ob sie einen riesengroßen Fensterladen aufklappten, dann sitzen sie da zu ebener Erde, ringsherum sind die Waren in Regalen verteilt. Auch auf der Hauptstraße gab es kein elektrisches Licht. Als die Nacht hereinbrach, war es richtig duster. Du bekamst noch mit, daß es nachts eigentlich dunkel ist.
In Herat stand eine riesige alte Moschee, der in Maschad ähnlich, mit goldenen Kuppeln. Wir haben uns in einer alten Karawanserei eingemietet. Auf dem Innenhof war ein Gebetsplatz, davor Gänge mit Holzge-

ländern. Da konntest du über die ganze Stadt schauen. Wir saßen nachts auf dem Dach. Es war fast Vollmond, und wir konnten die ganze Stadt sehen.
Die Afghanis sind sehr umgängliche Leute und auch irrsinnig gastfreundlich. Wenn du das erste Mal ankommst und gehst durch den Basar, schreien sie alle »Come in my shop, Mister«, jeder will dich in seinen Laden holen und dir unbedingt irgendeinen Krempel verkaufen. Die meisten haben dir damals Haschisch angeboten. Ich bin da in die verrücktesten Situationen geraten. Als ich etwa morgens zum Bäcker ging und wirklich Brot holen wollte, hat der das schon gar nicht mehr begriffen. Er wollte mir unbedingt Haschisch verkaufen. Ich sagte: »Alter, ich komme zum Bäcker, um Brot zu kaufen, Brot.« Der ist immer wieder mit einem neuen Peace angekommen. Es hat wirklich Minuten gedauert, ehe der begriffen hat, daß ich wirklich nur Brot haben wollte. Beim Friseur war es nicht viel anders, mußt du dir nicht einbilden.
Wir waren drei Wochen in Herat, hausten in der Karawanserei. Am Tag nach unserer Ankunft haben wir uns einfach auf die Straße gesetzt und mit den Leuten Tee getrunken und geraucht. Wir haben uns die Leute, die vorbeigekommen sind, angeguckt, so ihr ganzes Leben und Treiben. Und plötzlich haben wir nur noch gelacht. Es ist merkwürdig, aber in diesem Moment war für uns klar, wir fahren nicht mehr nach Berlin zurück. Wir kaufen auch keine Waffen. Das alles interessiert uns gar nicht mehr. Es war wie eine Art Kulturschock, als wir sahen, daß es auch ganz anders geht. Das krasse Gegenteil von Europa, ein Land ohne Technologie. Aber die Leute, das hast du einfach gesehen, waren alle besser drauf als hierzulande. Die Männer

laufen wie Gockel rum, sehr stolz und aufrecht, aber sie lachen unheimlich viel. Die Leute sind einfach besser drauf. Sie führen zwar ein ganz einfaches Leben, aber jeder hat sich so eingerichtet. Eine heilige Armut. Sie hatten alle gerade das Nötigste. Bettler gab es damals in Herat höchstens eine Handvoll, vielleicht ein Dutzend. Überall standen Bäume. Die Umgebung bestand aus Wüsten und Bergen, aber es ist so ein grüner Gürtel um die Stadt. Die ganze Stadt roch nach dem Pinienholz, das sie für die Samowars verbrennen. Und nach Brot und Haschisch roch es auch. Ich kann die Gefühle schlecht beschreiben, die ich in diesem Augenblick hatte, was da in mir vorging. Ich faßte ja einen wichtigen Entschluß.
Du wechselst von einer Haltung über zu deren krassem Gegenteil. Eben noch warst du für Gewalt und wolltest Waffen kaufen, um Menschen zu töten, und dann bleibst du lachend sitzen und sagst: Es hat sich erledigt für mich, ich bleibe hier einfach und sehe mir das erst mal an. Es war ein Entschluß, den ich und der Dicke in Minutenschnelle gefaßt haben. Wir haben einfach nur gelacht, vielleicht eine Viertelstunde.
Wenn du plötzlich Menschen ganz anders siehst, fragst du doch: Warum soll ich Menschen töten, wofür? Für irgendein Ideal, von dem du selbst nicht weißt, wie es letztendlich aussieht. Warum sollst du die wegmachen? In dem Augenblick haben wir uns einfach nur über die Menschen gefreut.

Sie haben einfach geheult

1977 – also fünf Jahre später – bin ich auch wieder in Herat gewesen, während des »deutschen Herbstes«.
Es war ein Gefühl, als ob ich nach Hause käme. Einen Tag sitze ich in einer Bäckerei. Sie machen längliche Fladenbrote in einem Loch in der Erde, und unten sind glühende Holzkohlen drin, damit die Wände total heiß werden, du rollst die Teigkugeln aus, dann verschränkst du die beiden Daumen miteinander und drückst mit den Fingerspitzen ein paar Löcher rein. Als nächstes schmeißt du die Fladen zu dem weiter, der an der Grube sitzt und eine Kelle hat, die oben noch mit Stoff bespannt ist. Die Kellen macht er ein bißchen naß, legt den Fladen drauf und klatscht ihn so an die Wand von dem heißen Loch. Nach einer Minute werden die Fladen mit langen Eisenstangen rausgenommen. Vorne sitzt einer, der verkauft die Brote. Es gibt Stoßzeiten, abends, wenn die Leute alle nach Hause gehen, und mittags. Da nehmen sie die Brotfladen frisch mit. Es wird nicht wie hier in der Bäckerei auf Vorrat gebacken. Zu diesen Stoßzeiten wird dann gearbeitet wie verrückt. Ich habe in der Bäckerei gesessen, und da stand plötzlich ein Pärchen, ziemlich junge Leute, vor dem Laden. Es waren Deutsche. Die Bäcker sagen, ich soll sie reinholen. Ich gehe hin und sage: »Wollt ihr nicht reinkommen? Da kriegt ihr frisches Brot.« Sie saßen auf einer Bank, und wir haben auf dem Fußboden weitergemacht. Ein kleiner Junge hat immer die Kugeln aus dem Teig geformt. Ein ganz hübscher Junge, etwas Mongolenblut, leichte Schlitzaugen und ein Goldkäppi auf dem Kopf. Der Junge hat die beiden Deutschen bedient, hat ihnen Tee und

Weintrauben gebracht und frisches Brot. Als das Mädchen ihn anguckte, hat sie angefangen zu heulen, und dann ihr Freund auch. Den Afghanis macht so was nichts, solche Gefühlsausbrüche oder so. Sie haben ganz ruhig weitergearbeitet und haben sie eben heulen lassen.

Abends saßen in dem Garten des Hotels, in dem ich wohnte, ein paar Bundeswehrdeserteure. Im Radio lief ein Raga, Bhairavi Janka oder so was, und vom Garten aus konntest du auf die Moschee sehen, durch die Bäume durch. Die Sonne ging unter, und wir haben da gesessen. Der Hotelier, der dicke Kassim, hatte einen Bruder, der Schnaps brannte. Das ist zwar in islamischen Ländern verboten, aber in Herat wachsen so mit die größten Weintrauben der Welt. Und es wird natürlich doch gebrannt. Also haben wir alle zusammen noch einen Schluck getrunken. Plötzlich liefen diesen Bundeswehrdeserteuren die Tränen runter. Ich habe gedacht, ich werde wahnsinnig. Da muß man sich doch wirklich fragen, aus was für einem Land kommen denn solche Leute? Da kriegste das doch endgültig mit. Ich bin damals schon sechs Jahre nicht mehr in Deutschland gewesen und fragte mich, aus welcher Welt die eigentlich kamen. Herat ist eine faszinierende Stadt. Man wird ganz ausgeglichen und gelassen, weil das Leben so beschaulich ist. Die ganze Anspannung des Verfolgtwerdens, der Grenzkontrollen fällt von dir ab. In Afghanistan findet dich erst mal gar niemand, hier hast du wirklich deine Ruhe. So weit sind sie noch nicht vorgedrungen, hier ist einfach Schluß. Da gab es auch keine Meldepflicht im Hotel. Du hast einfach einen Raum gemietet und bist da reingegangen.

Herat hat sich einen eigenen Reiz bewahrt, den kaum eine andere Stadt noch hat. Du hast das Gefühl gehabt, du lebst im Mittelalter. Die Afghanis haben auch Einreisestempel mit dem Jahr 1300 und noch was nach dem islamischen Kalender, denn der beginnt mit der Ankunft Mohammeds in Medina, also 622 nach unserer Zeitrechnung. Ich habe die Stadt später immer besser kennengelernt. Der Teppichbasar ist unter großen, alten Gewölben. Von oben fällt durch eine Kuppel Licht herein. Draußen sind dann die Tiermärkte. Dort treffen sich die Nomaden und verkaufen Kamele, Schafe, Pferde und Ziegen, auch Kampfhunde und Kampfhähne. Hahnen- und Hundekämpfe sind so mit die einzige Abwechslung im Alltag.

Die Rebstöcke, auf denen die riesigen Weintrauben wachsen, aus denen sie in Herat Schnaps brennen, hat höchstwahrscheinlich Alexander der Große mitgebracht. Alexander der Große hat Herat gegründet. Man kann das an den griechischen Zisternen und Wassersystemen sehen. Alles hat Marmoreinfassungen, die ganzen Kanäle, und alle mit eingemeißeltem Mäandermuster. Später hat Dschingis-Khan Herat zerstören lassen, richtig verwüstet. Danach wurde es in der alten Struktur wieder aufgebaut. Aber der Grundriß und das Wassersystem stammen noch von den Griechen. Es funktioniert auch heute noch, nach 2300 Jahren.

Später bin ich mit einem alten Mann durch die Hinterhöfe und Gassen gelaufen, die ein Europäer normalerweise nicht zu Gesicht bekommt. Das Terrain ist total verwinkelt, wie eine mittelalterliche Stadt, aber noch verwinkelter, von noch mehr Gassen und Durchgängen durchzogen als der alte Stadtkern von Rom. Du

kannst dich durch die Stadt bewegen, ohne jemals die Straße zu betreten oder zu überqueren. Nur wenn du in ein anderes Viertel willst, mußt du eine Straße überqueren. Heute wird dort gekämpft. Die Russen haben die Stadt nie vollständig erobert. Teile werden immer noch von den Afghanis gehalten. Nach sieben Jahren Krieg. Es leben vielleicht 300 000 Menschen in Herat, es ist eine ziemlich große Stadt.
Dschingis-Khan hat eine Moschee bis auf die Grundmauern wegtragen, aber die vier Minarette stehenlassen. Das ist am Stadtrand und sieht vollkommen unwirklich aus. Plötzlich stehen da vier Minarette so mir nichts, dir nichts in der Gegend rum.

Durch Afghanistan

1972 gab es eigentlich nur eine große Straße in Afghanistan. Sie führt über Herat, Kandahar, Ghazni, Kabul, Jalalabad, den Khyberpaß nach Pakistan. Nach Maimana noch führt eine zweite Straße zur russischen Grenze hin. Die wurde inzwischen fertiggebaut, auf ihr sind die Russen ins Land gekommen, sie haben die Straße gebaut. Mit ihren Panzern wären sie ja nicht über die Berge gekommen. Sie haben einen Tunnel aus dem Kabultal heraus gebaut, raus nach Mazar i Sharif. Der Tunnel ist schon fast an der russischen Grenze. Er ist drei Kilometer lang und quasi die Nabelschnur zu Rußland. Wenn die Mudschahedin an der richtigen Stelle sprengen würden, kämen die Russen mit ihren Panzern nicht mehr durch. Er ist entsprechend abgesichert. 1984 ist ein Tankwagen mit einem Lastwagen darin explodiert. Es war reger Verkehr, als der Tunnel explodierte. Als der Rauch aus den Tunnelenden quoll, haben sie gedacht, das ist ein Anschlag und haben den Tunnel einfach gesperrt. Es sind alle drin erstickt, ungefähr 700 russische Soldaten und 1500 Afghanis.

Wir sind von Herat nach Kandahar gefahren. Dort haben wir in der Stadtmitte gewohnt, an einem runden Platz, von dem die Straßen in die einzelnen Viertel abzweigen. Auf diesem Platz stand ein Verkehrspolizist, der ebenso wahl- wie sinnlos Zeichen machte, und den ganzen Tag pfiff und trillerte: Die perfekte One-Man-Show. Alle sind gefahren, wie sie wollten, es hat niemanden gekümmert, was der da trieb. Den habe ich mir tagelang angesehen und habe gedacht, einmalig, der Mann. Einmal ist ein Vorgesetzter mit dem Dienstwagen an ihm vorbeigefahren. Na, da hat er aber losgelegt. Da hat er sich richtig überschlagen, ist losgetanzt.

Es gab zu der Jahreszeit unzählige Fliegen. Du konntest die Hand auf den Tisch legen, loslassen, und hast richtig deinen Handabdruck gesehen. War richtig schwarz alles, überall Fliegen. Richtig in Trauben. Zu Millionen. Es lag ein Toter an der Straße, der war schwarz von Fliegen, obwohl sie ein Tuch über die Leiche gedeckt hatten. Überall, wo Fleisch oder Obst verkauft wurde, wimmelte es von Fliegen. So habe ich das nie wieder gesehen.

Der Dicke hatte schon in Berlin, als wir losgefahren sind, immer im Schlaf »Drogerie« vor sich hingesagt. In Kandahar auch. Die Nacht, bevor wir losgefahren sind, liegen wir da so, und da sagt er: »Ich geh noch mal raus.« Er tut's und kommt nach einer halben Stun-

de mit einer ganzen Tüte voll Gras wieder. Er hat gesagt: »Ich habe noch eine offene Drogerie gefunden.« Das war mitten in der Nacht. Ich sage: »Na kiek an, jetzt weiß ich auch, was das mit der ›Drogerie‹ war, jetzt hast du eine gefunden.«
Nach ein paar Tagen in Kandahar wollten wir weiter nach Kabul. Der Bus fuhr schon die Straße hoch, und der Dicke hatte eigentlich immer eine Umhängetasche dabei, wo der Ausweis und die Flugtickets drin waren, die Hälfte von unserem Geld, der Impfpaß. Wir saßen im Bus und fuhren raus aus Kandahar frühmorgens. Auf einmal überholte uns ein Auto, stoppte den Bus. Ein Typ kam rein und drückte dem Dicken diese lebenswichtige Tasche in die Hand. Der Mann war der Hoteldiener. Der Dicke sagte: »Warte, ich gebe dir Geld«, da antwortete der Hoteldiener: »Nein, zehn Mark habe ich mir rausgenommen.« Hat gestimmt. Der Mann hat wirklich nur zehn Mark rausgenommen, ist dem Bus hinterhergefahren und hat dem Dicken 3000 Dollar gebracht. Das war ein absolutes Vermögen für den Mann. Das fand ich richtig irre. Das würde dir hier kaum passieren, viel eher schon bei Leuten, die arm sind, die nicht viel haben vom Leben. Mir ist was Ähnliches mal später in Bombay passiert. Wir mußten auf unsere falschen Pässe mehr achten als jemand auf seinen richtigen. Du kriegst ja so schnell keinen neuen. Er ist das Wichtigste, was du hast, er ist eigentlich noch wichtiger als das Geld. Geld kannst du immer noch irgendwie auftreiben, wenn du ein bißchen Durchblick hast. Aber ohne Paß bist du richtig verwundbar. Das ist der Alptraum mit diesen Dingern. Da bist du auch immer angenabelt an diese Welt. Du mußt immer Kontakt zur westlichen Zivilisation halten, ob

du willst oder nicht. Ohne Papiere wird es schon sehr kritisch, wenn du irgendwo gesucht wirst. Kannste dir nicht erlauben.

Wir fuhren hoch von Kandahar auf ein großes Hochplateau im Hindukusch. Es schien noch die Sonne. Ghazni war auch mal eine riesige Stadt, aber davon ist nicht viel übriggeblieben. Da stehen nur so ein paar Lehmhütten auf einem Hügel in dieser Riesenebene, und dahinter erhebt sich der Hindukusch mit seinen Schneebergen. Eine Allee mit Pappeln führt auf die Stadt zu.

In der Ebene davor sammeln sich im Herbst die Nomaden und bauen eine Stadt aus schwarzen Zelten, dazwischen laufen Kamele, Büffel und Yaks. Die Ebene ist voll. Tausende von Nomaden und Zehntausende von Tieren. Die einen ziehen im Herbst runter nach Kandahar, die andern gehen über den Khyberpaß nach Pakistan, Rawalpindi, Taxila. So war es jedenfalls vor der Invasion und dem Krieg.

Die Großmutter des Clans

Die Nomaden verkörpern noch das alte Afghanistan. Nach ihren Maßstäben sind die Stadtleute schon ein bißchen verweichlicht. Die Nomaden sind ein noch härterer Menschenschlag. Sie sind noch ruhiger, beinahe schon verschlossen. Sie strotzen vor Gesundheit. Sie strotzen vor Gesundheit, weil sie unter so harten Bedingungen heranwachsen, es überlebt wirklich nur, wer hart im Nehmen ist. Es gibt Nomadenstämme, die sind vollkommen immun gegen Schlangenbisse, sogar die Babys. Sie sind arm. Im Winter laufen die Kinder ohne Schuhe durch den Schnee. Gegen diese Leute haben die Russen einen schweren Stand in Afghanistan. Die Nomaden sind wie Gemsen in ihren Bergen. Ihre Frauen haben eine ganz andere gesellschaftliche Stellung. Sie sind unverschleiert, sie reden auch mit dir, sie quatschen dich an, sie sind ganz locker. Diese Nomaden sind wahrscheinlich die freiesten Leute auf der ganzen Welt – und ihre Frauen sind die schönsten.

In Swat Valley in Pakistan, wo ich später lange gewohnt habe, hatten die immer ein Camp unterhalb meines Hauses. Jeden Morgen und jeden Abend habe ich in deren Lager gesessen und mit ihnen getrunken. Manchmal haben mich nur Frauen eingeladen. Sie lachten und alberten mit mir herum. Sie machen, was sie wollen. Die können auch mit dir pennen, interessiert da gar keinen. Höchstens der Alte kriegt einen Eifersuchtsanfall und geht mit dem Messer auf dich los. Das kann dir natürlich passieren. Sie sind zwar auch Moslems, aber dieses Theater mit der Verschleierung der Frauen machen sie nicht mit. Für solche Kinkerlitzchen ist da gar kein Platz. Sie sind völlig der Natur ausgesetzt, haben ja noch nicht mal ein festes Haus. Wenn es regnet, werden sie naß, schlicht und einfach. Wenn es schneit, dann sind die draußen in der Kälte. Sie können sich solche Mätzchen einfach nicht erlauben und die Frauen einhüllen und wegschließen. Wohin denn auch? Die Frauen müssen voll einsatzfähig sein. Es dauert manchmal zwei oder drei Wochen, ehe sie alle oben in dem Tal sind, ehe sie ihre Karawanen da hochgetrieben haben. Manchmal kommt eine Gruppe Frauen, die die Viecher treiben.

Und die bleiben auch abends unter sich, haben reine Frauenlager. Sie sind vollkommen selbständig. Müssen sie auch sein, denn sonst wären sie diesem Leben nicht gewachsen.
Die Iraner fangen jetzt wegen des Golf-Krieges auch schon wieder an, die Frauen mehr am Leben teilnehmen zu lassen und sie sogar an der Waffe auszubilden oder in die Fabriken zu schicken. Weil sie einfach dazu gezwungen werden, Religion hin oder her. Das ist wie in Deutschland im Ersten Weltkrieg, als die Frauen ihre Rechte eigentlich erst im Krieg richtig erkämpften, weil sie plötzlich unentbehrlich waren.
Wenn ein Nomade heiraten will, spricht das der ganze Clan untereinander ab. Das Sagen hat die Großmutter. Einmal habe ich in einem Stamm in Swat Valley so eine Oma getroffen. Vor dieser Dame herrschte schon offene Panik. Vor der Alten haben sie sich alle verneigt, die ganzen bewaffneten Kerle, Räuber, Banditen und Schmuggler, die ganzen Halsabschneider, alle senkten den Kopf, wenn sie gekommen ist. Die Afghanis grüßen sonst keine Frau. Sie denken nicht im Traum daran. Die Alte sah aus wie aus dem Märchen, sie hatte einen Krückstock, lange weiße Zöpfe und alles voller Silberschmuck und Silbermünzen. Auch von ihrem Kopftuch hingen die Silbermünzen runter. Sie war ganz schwarz angezogen und völlig ausgemergelt und lief am Stock, aber kerzengerade. Die war die Großmutter des ganzen Clans, wahrscheinlich auch eine Art Hexe. Alle Bewohner dieses Marktfleckens hatten vor der Alten tierischen Respekt. Sie hat noch nicht mal zurückgegrüßt. Die war gut.
In Ghazni haben wir auch Hochzeiten erlebt. Die Frauen, die die Braut bringen, sind alle bunt geschmückt,

mit Goldlamé, Spiegeln und Silbermünzen. Das blitzt richtig in der Sonne. Die Braut sitzt auf einem Kamel. Sie ist die einzige, die einen weißen Schleier trägt an diesem Tag. Die anderen Frauen sind alle unverschleiert und bringen die Braut dann zu dem Zelt des Bräutigams. Dort sitzen die Männer. Es glitzert und funkelt wie verrückt, wenn die Frauen kommen. Sie singen und lachen.

Die Hippies in Kabul

Kabul ist meiner Meinung nach schon immer ein fürchterliches Nest gewesen. Aber 1972 herrschte dort das Highlife des Hippietums. Die Stadt war voll von Langhaarigen, die Dope geraucht haben. Sie haben sich in der Chickenstreet konzentriert, an deren Ende die ganzen Hotels und Restaurants liegen. Das ist das ehemalige Diplomatenviertel von Kabul. Chickenstreet hieß sie, weil überall Kästen mit Hühnern rumstanden. Es war schlicht und einfach der Hühnerbasar von Kabul. Später gab es dort nur noch Antiquitätenläden. Kein einziges Huhn mehr, höchstens im Restaurant, gebraten. Die Hippies haben alles verändert.
Am Ende der Chickenstreet stand die pakistanische Botschaft, wo sich alle ihr Visum holen mußten. Alle standen dort an, also hat so ein findiger Stuttgarter, der in Deutschland wegen Apothekeneinbrüchen gesucht wurde, neben der Botschaft ein Restaurant aufgemacht. Er hat mehr oder weniger europäische Küche serviert. Alle sind erst mal hingegangen und haben dort gegessen und sich getroffen. Langsam haben die

andern Hotels in der Gegend auch mitgemacht. Es war sehr schnell ein richtiges Hippie-Viertel mitten in Kabul: drei, vier Straßenzüge, wo nur Hippies auf den Straßen waren. Der Rest waren Rauschgifthändler und Bettler.
1979 war ich das letzte Mal in Kabul. Da wurde in den Straßen schon gekämpft. Es gab auch schon einen Supermarkt. In wenigen Jahren wurde ein ganzer Stadtteil in einem Land der Dritten Welt westlichen Bedürfnissen angepaßt. Europäer en masse tauchten auf, und ihre Bedürfnisse schufen einen neuen Markt. Heute stehen die natürlich ganz schlecht da, mit ihren Antiquitätenläden.
Der berühmte Hippie-Treck war auf seine Art das letzte große Abenteuer. Die unmöglichsten Fahrzeuge sind da angekommen. In Kabul hat sich das alles erst mal gesammelt, weil die Leute reichlich Strecke hinter sich hatten. Von Istanbul bis Kabul, das sind schon mal ein paar tausend Kilometer durch Hitze und Kälte, über Berge und durch Wüsten. Also wurde in Kabul Rast gemacht. Und geraucht, von früh bis spät geraucht. Den ganzen Tag lief aus Kassettenrecordern westliche Popmusik, was gerade so angesagt war. Wir haben Leute aus aller Herren Ländern getroffen. Mehr oder weniger waren alle auf einem ähnlichen Trip, man hat Bücher getauscht, erzählt, sich kennengelernt. Diese kosmopolitische Runde mitten in Asien war ganz interessant. Amerikaner, Kanadier, Australier, Neuseeländer und sämtliche Völkerschaften Westeuropas. Die meisten haben Dope geschmuggelt. Jeder hat sich mit Giften beschäftigt, die meisten hatten praktischerweise damit ein Geschäftchen laufen, und wenn sie nur ein paar hundert Gramm nach Hause

schickten und dafür Geld zurückgeschickt bekamen. Üblich war es auch, American Travellerschecks zu verlieren und Ersatz zu holen bei American Express, war auch eine sehr beliebte Art der Geldbeschaffung. Vor dem American-Express-Büro stand jeden Morgen eine Schlange von hundert Leuten, die merkwürdigerweise alle am selben Tag leider ihre Schecks verloren hatten, und alle ausgerechnet in Kabul, weil da praktischerweise auch das Büro war. Heute geht das nicht mehr so einfach, denn die ganzen Schwarzmarkthändler kaufen dir die als verloren gemeldeten und geklauten Schecks nicht mehr ab. Sie werden die nicht mehr los. Viele haben auch mit Afghani-Klamotten gehandelt oder mit Schmuck. Damals wurde das in Europa viel gekauft. Parfum, Teppiche, Saris und weiß der Kuckuck, was. So sind hierzulande diese Head-Shops, die indischen Läden entstanden. Der ganze Plunder, die ganzen Sitten und Gebräuche, die die Hippies mitgebracht haben, waren eigentlich schon ein kultureller Austausch. Er war zwar nicht intensiv und bemerkenswert, aber er hat stattgefunden. Das war die positive Seite am Treck. Daß das Hippiewesen in vielen Ländern wieder zu einem Drogenproblem geführt hat, ist die Kehrseite der Medaille. Dieser Goldrausch nach den Drogen hat bewirkt, daß in vielen Ländern eine Scene entstanden ist, die dort vorher unbekannt war. Pakistan und Nepal haben heute ein echtes Heroin-Problem – durch die Leute von damals.

In Pakistan und Afghanistan gab es vor 15 Jahren nur Haschisch und Opium. Während des Bangladesh-Krieges haben die Afghanis die ganzen Rotkreuz-Transporte angehalten, ausgeraubt und anschließend die Medikamente an Apotheken oder auf dem Markt

verkauft. An jeder Straßenecke stand einer mit diesen »Merck«-Gläsern, voll mit Kokain oder Morphium, das eigentlich für die Verwundeten im Krieg und für Katastrophenopfer gedacht war. Alles made in Germany. Das sind sie schon gar nicht mehr losgeworden, obwohl fünf Gramm zum Schluß umgerechnet ein paar Mark gekostet haben, ein vollkommen lächerlicher Preis. In Kabul waren zwei der Hotels schon reine »Opiumhöhlen«. Da konntest du Opiumpfeifen rauchen, und in den anderen haben sie halt nur Haschisch geraucht. Es war noch keine totale Junk-Scene. Es ging noch. Später wurde es mehr und mehr eine reine Junk-Scene.
Auf unserer ersten Reise waren wir drei Wochen in Kabul. Mich hat das auf die Dauer angeödet. Weil es so künstlich war. Natürlich war es nett, in einem Garten zu sitzen, zu rauchen und sich mit Leuten zu unterhalten, alles easy, aber der Kontakt zur Außenwelt ging verloren. Es war nur schöner Schein, eine klassische Ghettosituation.
Kabul hat inzwischen mehr als zwei Millionen Einwohner, und oft stößt man auf erschütterndes Elend. Die Stadt war seit langer Zeit in zwei Hälften geteilt, in das Cantonment und den Basar, in die weiße Stadt, die der Europäer also, und die Stadt der Einheimischen, die dunkle also. Die Europäer saßen in Gärten und ließen sich's gutgehen, und draußen im Basar mußten sich die Afghanis abrackern. Das ist nicht befriedigend, auch wenn du selbst auf der Sonnenseite sitzt. Wir – der Dicke, ich und ein Engländer sind mit einem Taxi rausgefahren aus Kabul, weil wir zu dem Berg wollten, wo der Palast der Könige von Afghanistan steht. Dem Taxifahrer sagen wir: »Wir

wollen hier aussteigen und loslaufen.« Er antwortet: »Das würde ich nicht machen, ich warte lieber hier.« Wir: »Na ja, ist schon alles klärchen.« Wir standen im richtigen Elendsviertel von Kabul, direkt an diesem Bergabhang. Zwischen den Hütten gab es eine Wasserstelle, und die Menschen waren in Lumpen gehüllt. Die Menschen, die Hütten, der Berg: Alles ist ein trostloses braun-graues Einerlei. Wir laufen da so lang, und auf einmal hatte ich dieses Gefühl – wenn du, ohne dich umzusehen, merkst, irgendwas stimmt hinter dir nicht mehr, das ist ein gemeines Gefühl. Ich habe es schon ein paarmal in meinem Leben gehabt, und es ist jedesmal ein ganz gemeines Gefühl. Du willst dich einfach nicht mehr umdrehen, weil du genau weißt, hinter dir ist hundertprozentig der Horror los.

Und richtig, ich kieke mich so um, die ganze Straße zu, einfach voll mit Leuten. Schweigend folgen sie uns. In dem Augenblick, in dem wir uns umdrehen, bücken sie sich schon und heben die ersten Steine auf. Wir rennen los, und schon fliegen die ersten Steine. Für die sind wir ein richtiger Notnagel, denn selbst unsere armselige Habe stellt für die Reichtum dar. Sie denken wohl, na wunderbar. Wir rennen gleich den Hang runter, und die alle mit Steinen hinterher. Wir springen gerade noch in das Taxi rein, und der braust los. »Habe ich euch doch gleich gesagt«, grinst der Taxifahrer.

Stoned on Stalins Grab

In Kabul habe ich mich von dem Dicken getrennt. Er ist weitergefahren in Richtung Indien, und ich wollte nach Berlin zurück. Nicht, weil ich Berlin besonders liebe – das Gegenteil ist der Fall –, auch nicht, um die werten Genossen zu treffen, einfach der Liebe wegen. Ich wollte Katja wiedersehen, mit der war ich schon ein Jahr zusammen. Ich hatte Sehnsucht nach ihr. In Berlin gab es noch -zig illegale Wohnungen mit Waffen von uns. Mit dem Geld waren wir auch ein bißchen knapp. Einer mußte sich drum kümmern, daß der Dicke und ich Geld kriegten. Ich wollte über die Sowjetunion zurück, nach Berlin Friedrichstraße und dann durch das Loch in der Mauer – ohne eine einzige westliche Zollkontrolle.
Ich habe also eine Aeroflot-Maschine genommen, um nach Taschkent zu fliegen. Die Afghanis haben so eine Angewohnheit: Jeder schenkt dir irgendwann ein Stück Shit. Du hast immer etwas in der Tasche. In Kabul auf dem Flughafen kommt der Zöllner an und sagt: »Ich will dir ja nur helfen, am besten du packst alles aus. In Rußland kriegst du zehn Jahre. Ich nehme dir nur den Shit weg.« Ich sage: »Ich habe nichts, laß mich zufrieden.« Hin und her, jedenfalls fängt der an, ich soll mich ausziehen, und wühlt in meinen Sachen rum. Ich habe in der Hemdtasche einen größeren Klumpen Shit, weiß nicht mehr, wohin damit, stecke ihn schließlich einfach in den Mund, beiße ein paarmal drauf und schlucke das Zeug runter. Es waren vielleicht zehn Gramm, eine wahnsinnige Menge. Der Zöllner findet nichts, sagt: »Alles klar.«
Nach dem Start gucke ich aus dem Fenster. Es ist

früher Morgen. Das Flugzeug steigt hoch und zieht eine Schleife über dem Hindukusch. Die Sonne ist gerade aufgegangen, unten die Berge, schwarz von den Tälern. Sie haben alle Farben genauso reflektiert wie oben der Schnee. Unten über den Tälern waren Regenbogen zu sehen, das gelbe Schauspiel oben über dem Schnee. Da habe ich begriffen: Weiß hat alle Farben bis auf Schwarz, und Schwarz hat alle Farben bis auf Weiß. Das war richtig überwältigend. Da fing das Zeug schon an zu wirken, aber nicht zu knapp. Ich wollte erst mal aussteigen. »Ich will mir das Schauspiel mal aus der Nähe ansehen, Augenblickchen mal...« Man hindert mich daran.

Als wir in Taschkent gelandet waren, war wirklich alles zu spät, da habe ich gar nicht mehr durchgeblickt, mit den Mengen wunderbarem Haschisch im Magen. Das hat mir schon nicht mehr viel gesagt. In diesem Flugzeug saß außer mir nur noch eine sehr vornehme Afghanin mit zwei nett zurechtgemachten jungen Herren, die offensichtlich ihre Söhne waren. Beide in Anzug, so richtig westlich. Die Truppe muß aus einer hohen afghanischen Adelsfamilie stammen, denn als das Flugzeug in Taschkent landet, steht dort eine Ehrenparade Soldaten auf dem Rollfeld, und ein Typ kommt die Gangway hochgerannt mit einem Strauß roter Rosen in der Hand. Ich stehe als erster an der Tür und denke: Aha, Rußland, die blicken durch, klar, die Rosen für mich, nehme die Rosen, da flippt der schon völlig aus, reißt mir die wieder aus der Hand, rennt mit seinen Rosen zu der Frau. Ich denke, na wunderbar, gehe runter, dann eben nicht. Denke, na, dann wirste mal hier die Parade abnehmen. Da werde ich schon wieder beiseite gezerrt, in so einen Flughafenbus, der

hat mich dann zur russischen Zollkontrolle gefahren.
Beim Zoll mußte ich -zig Zettel ausfüllen. Zum Wahnsinnigwerden war das, echt. Unmöglich. Alle Wertsachen angeben, also jeden Ring beschreiben, wieviel Gramm er wiegt, welchen Wert er hat. Wann dein Opa das letzte Mal auf der Toilette war. Ich habe einen Dolmetscher an die Seite gestellt gekriegt, weil ja kein Schwein da mehr durchblickt.
Jetzt war ich in der Sowjetunion – zum ersten Mal in meinem Leben. Taschkent hat nur noch so ein bißchen Altstadt, der Rest war wieder aufgebaut nach einem schweren Erdbeben. Lauter Betonblocks, wo früher eine orientalische Stadt stand. Es waren noch acht Jahre bis zu dem Einmarsch, aber es liefen schon überall blonde Russen herum, die die Baumaschinen bewegt haben, die ganze Technologie. Die Usbeken, die Einheimischen, sind genauso gekleidet wie die Afghanis, sind Moslems und haben sich – trotz ihrer Zugehörigkeit zur Sowjetunion – ihre Eigenheiten bewahrt. Die Usbeken haben rumgesessen, mißtrauisch alles beobachtet und waren gänzlich isoliert. Hier herrschte ein Imperialismus, wie ihn westliche Länder in der Dritten Welt betreiben. Es war wirklich kein Unterschied.
Taschkent ist die Hauptstadt von Usbekistan und liegt auf der nördlichen Seite des Hindukusch, in einer roten Wüste, so rot wie ein Tennisplatz. In Taschkent bin ich in den Zug gestiegen, Richtung Moskau, quer durch das halbe Land. An der Sowjetunion fasziniert dich die Weite. Sie ist einfach riesig. Man kann sich das nicht mehr vorstellen. Ich bin tagelang mit der Bahn gefahren, und da war kein Mensch zu sehen, nur Land-

massen, Steppe, Wüste oder Wald, und gewaltige Flüsse. Wir fahren mit einer Fähre über die Wolga-Mündung, und konnten das andere Ufer nicht mehr sehen. Du kommst aus einem Wald raus und denkst, du stehst am Meer. Alles hat Ausmaße, die man sich nicht vorstellen kann, wenn man es nicht gesehen hat. Es ist fast schon wie Unendlichkeit. Die Sowjetunion bedeckt immerhin ein Sechstel der Erdoberfläche.
Die Züge waren gut, auch die Zweite Klasse hatte Liegewagen. In jedem Wagen steht auf dem Gang ein Samowar, wo es umsonst Tee gibt. Überall liegen Lenin-Bücher und Broschüren herum. In jeder Sprache, die auf dieser Welt gesprochen wird, die wilden Broschüren vom Meister. Auch die hab ich gelesen und ansonsten mit einem russischen Ingenieur geplaudert. In Moskau war ich immer noch berauscht. Diese Dosis entfaltete so eine Art Depotwirkung. Die ersten zwei Tage in dem Zug habe ich deshalb sehr wenig mitgekriegt. Ich wollte unbedingt Väterchens Grab sehen, schließlich bin ich aufgewachsen unter Väterchen Stalin, in Berlin, in der russischen Zone. Ich habe mir gedacht: Lenin liegt wie ein Vampir in seinem Glassarg. Das wäre mir zu unheimlich. Väterchen liegt 1,80 Meter unter der Erde. Da kann nichts schiefgehen, sicher ist sicher.
Der Kreml auf dem Roten Platz ist ungeheuer bunt. Die Glockentürme von den Kapellen sind gold, türkis und blau. Stalin liegt an der Kreml-Mauer. Da liegen viele der großen Bolschewiki, aber auch ein Ami, John Reed.
Vom Aussehen her lag ich in Moskau ganz weit vorn. Ich hatte lange Haare in Locken, ausgetretene spani-

sche Stiefel, geflickte Jeans und eine Lederjacke. Zu dieser Zeit haben sie in der Sowjetunion solche Gestalten noch nicht gekannt. Jeder hat dich angestarrt, es war schlimmer als in Deutschland. Gesagt haben sie nicht viel, aber sie haben einen Blick bekommen, als würden sie von einer Erscheinung hypnotisiert. Solche Typen waren für sie unvorstellbar. Moskau war auch trostlos, alles leidet unter Erstarrung, hatte ich das Gefühl.
An Väterchens Grab standen alte Frauen und stellten Kerzen auf und Blumen. Das war eine Szene.
Auch die U-Bahn am Roten Platz, eine der größten und pompösesten U-Bahn-Stationen, die Stalin gebaut hat. In Marmor und mit Bronzetafeln, auf dem die Geschichte der russischen Revolution erzählt ist, Riesenhallen, da sind immer wieder Nischen, in denen ein kleiner Lenin steht. Da stehen dann auch alte Weiber davor, mit Kopftüchern, begehen ihre Zeremonie mit Kerzen und Blumen. Ersatzreligion. Im Grunde genommen ist es doch Wurscht, was für eine Statue da steht. Es könnte auch Krischna sein, Maria oder Buddha. Das Ding hat doch immer dieselbe Funktion.
Von Moskau bin ich wieder mit dem Zug zur Grenze gefahren, nach Brest-Litowsk. Als wir dort ankamen, wurde der Zug auf eine kleinere Spurbreite gebracht. Die Russen benutzen breitere Schienen als der Rest der Welt. Dann kommt die Miliz rein und sammelt die Pässe ein. Ich gebe dem Typen meinen Paß, er geht raus, und kurze Zeit drauf kommt eine Dolmetscherin und sagt: »Haben Sie noch russisches Geld?« – »Klar, habe ich.« – »Das müssen Sie eintauschen.« – »Gut, mache ich.« – »Haben Sie eine Wechselbescheinigung?« – »Ja, hinten in meinem Paß.« Da sagt sie:

»Nein«, und ich sage: »Natürlich, die war hinten drin, die hat Ihr Kollege mitgenommen.« – »Nein, er hat nachgesehen und Ihnen das Formular gegeben.« – »Hat er aber nicht, liebe Frau, ist hinten drin.« Da sagt die: »Nein, ein Sowjetsoldat irrt sich nicht.« Ich bin richtig zusammengezuckt. Was erzählste der denn jetzt? Ich sage: »Passen Sie auf, wenn ich Ihnen das sage, ich habe es nicht.« – »Gut, dann gehen wir nachsehen.«

Also raus aus dem Zug. In Brest-Litowsk wurde 1917 der Friedensvertrag zwischen der Sowjetunion und dem Deutschen Reich unterzeichnet. Neben dem Bahnhof stand also eine Halle, genauso groß wie der Bahnhof. Die hat die Dolmetscherin aufgeschlossen. Es war frühmorgens. Dieses bolschewistische Walhalla war unterteilt in drei große Säle. Der erste war mit Marmor ausgeschlagen, von der Decke hingen die Fahnen aller Sowjetrepubliken. Im zweiten Saal hingen erbeutete Fahnen, beispielsweise Nazi-Fahnen. Im dritten Saal, er war mit rotem Marmor verkleidet, standen ein riesiger weißer Lenin auf einem Podest und eine überdimensionale Sowjetfahne. Am Ende des dritten Saals war dann ein ganz kleines Büro. Der sich nie irrende Sowjetsoldat, der da saß, hatte natürlich die Wechselbescheinigung hinten in dem Ausweis, war ja klar. Ich habe erst nach drei Anläufen die Unterschrift hingekriegt, weil ich schon so fix und fertig war. Sie haben mir das Geld gewechselt, dann konnte ich gehen.

Auch mit den Polen hatte ich Schwierigkeiten. Da hat mich der Zöllner gefragt: »Hast du ein Visum?« – Ich wußte gar nicht, daß das nötig war. – »Nein.« – »Du brauchst doch ein Visum, sonst mußt du zurück nach

Moskau fahren und eins holen.« Ich sage: »Das ist doch wohl nicht dein Ernst.« Daraufhin fragt er: »Hast du Dollars?« – »Na klar.« – »Wunderbar.« Für zehn Dollar habe ich ein Visum gekriegt und bin weitergefahren.
Beim Verlassen des Bahnhofs Friedrichstraße, wo man vom Fernbahnhof durch dieses Labyrinth zur West-Berliner S- und U-Bahn kommt, erklärt der Volkspolizist: »Der Paß ist schon zu alt, den erkennen wir nicht an.« Dann fängt er an zu blättern und sieht die ganzen Stempel all der Länder: »Haben Sie eine Weltreise gemacht?« – »Ja.« – »Na, dann ist es etwas anderes.« Er hat mir den Paß gegeben, und ich war durch.

Ich hasse Berlin

Als ich zu Katjas Wohnung kam, standen da die unauffälligen Herrn davor. Die Wohnung lief auf den Namen meiner geliebten Katja, sie war im ZK der »Roten Garden«. Katja war nicht da. Und ich bin auf die Potse, zu einem Italiener rein, habe Capuccino getrunken und was gegessen.
Beim zweiten Versuch war sie da. Sie fragt: »Wo kommste denn her?« – »Aus Afghanistan.« Sie glaubt mir bis heute nicht, daß ich ihretwegen zurückgekommen bin. Dann bin ich nicht mehr aus der Wohnung raus, vierzehn Tage lang.
Es war Anfang Dezember, alles grau und düster. Ich hasse Berlin, grundsätzlich. Wenn ich den Funkturm sehe, kommt's mir hoch. Ich kann es nicht erklären,

warum ich dieses Nest so hasse. Ich bin Berliner, ich kenn jede Straße, aber... wenn ich im Zug sitze und rausfahre, fühl ich mich einfach wohler. Die Sprüche, die Ärsche, die da wohnen – ich hasse es.
Halb Berlin kam und hat »Bericht erstattet«. Die ganzen Leute vom 2. Juni sind gekommen. Ich habe ihnen gesagt: »Die Waffen könnt ihr haben, die Wohnung auch. Ich überschreib euch das, das ganze Erbe.« Maschinenpistolen und Gewehre hatte ich gebunkert. »Ich gehe nach Afghanistan zum Khyberpaß. Was ihr macht, das ist nicht mehr mein Film. Ich will nicht mehr. Was ihr macht, ist Wahnsinn.« Sie haben mich nicht richtig unter Druck gesetzt, nur ein bißchen moralisch. So in der Art: Bist du verrückt? Wohl völlig ausgeflippt, oder was? Ich hab gesagt: »Wie ihr das auch seht. Ich rauche lieber Haschisch, statt Leute umzubringen. Eine Waffe behalt ich. Meinen Revolver brauch ich. Ich steh ja auch auf'm Steckbrief. Den lege ich nicht beiseite, bevor ich die Stadt verlassen habe.«
Ich wollte in die Toskana.

Allein auf dem Hügel

Reisen ist wunderbar: Im Zug saß mein letzter Klassenlehrer. Da hab ich geschwitzt: Wenn der mich sieht, der baut mir natürlich eine Lampe, ist ja klar. Aber es ging gut, über München nach Florenz. Ich bin auf einem Hügel gelandet, in einem alten Bauernhaus, es hatte schon ein paar Jahre leer gestanden, die Besitzer wollten gerade anfangen, es auszubauen. Ich war

da eigentlich immer allein. Ich hatte keinen Bock auf Berlin und auch nicht genug Geld, um wieder nach Asien zu fahren. Ich bin jedenfalls monatelang oben auf dem Hügel geblieben. Es war unheimlich schön, weil du über die ganzen Täler sehen konntest. Die Toskana hat ein ganz bestimmtes Licht, durch die Olivenbäume und den Wein, das gibt es sonst nirgends auf der Welt. Auch nachts erscheint es, als wenn die Landschaft aus Silber sei. Die ganzen Jahre in Berlin, dann die Rumfahrerei – ich fand das einfach unheimlich erholsam. Ich habe halb makrobiotisch und halb vegetarisch gegessen, kein Alkohol, keine Drogen, nichts. Am Tag höchstens drei Zigaretten geraucht. Ansonsten das Haus ein bißchen aufgeräumt und Stück für Stück renoviert. Ab und zu habe ich auch den Bauern geholfen. Ich war wirklich wochenlang allein und habe nicht geredet.
Eines Tages kam ein Jäger, der wollte Wasser für seinen Hund. Ich habe ihm irgendwas geantwortet und dabei einen richtigen Schreck gekriegt. Das hat sich angehört, als wenn dir ein Rabe von hinten über die Schulter ins Ohr krächzt. Wenn du so für dich allein bist, kriegst du es ja gar nicht mit, daß du seit Wochen keinen Ton mehr gesagt hast. Du vermißt plötzlich Sprache gar nicht mehr.
Ich wußte gar nicht, ob der Jäger mich verstanden hatte. Ich habe bloß auf den Brunnen gezeigt, gesagt »da« und bin wieder reingegangen.
Später habe ich angefangen, um überhaupt was zu sagen, mit den Tieren zu sprechen. Es lebten da Eidechsen, Schlangen und Fasane, oben auf dem Dach war eine Eule. Ich stellte fest: Wenn du ruhig auf sie einredest, nach ein paar Wochen kommen selbst die

scheuesten Tiere näher. Nach einer Weile saßen die Eidechsen, die ziemlich scheu sind, wenn ich Obst aß, neben meinem Teller, denn zum Obst kamen Fliegen. Sie sind nicht mehr weggerannt, wenn ich gekommen bin. Auch die Fasane nicht.
In Italien ist im August Jagd, ein Massensport. Tausende stehen in Guerillakleidung in der Landschaft und schießen auf Spatzen mit Schrotgewehren. Das hört sich an wie Krieg. Es ist wie hier Silvester, so ballern die in der Gegend rum, nur etwas gefährlicher, es gibt jedes Jahr Tote. Abends, als die Jäger nach Hause gegangen waren, kamen die Fasane wieder aus den dikken Brombeerhecken raus. Da hatten die sich den Tag über drin versteckt. Von der Fasanenfamilie haben die Jäger auch nie welche erschossen. Die Eule haben sie auch nicht gekriegt, sie bekam später drei Junge. Die jungen Eulen haben den ganzen Tag vor dem Haus rumgebalgt, drei kleine Federknäule.
Ich habe viel gelesen. Irgendwann ist der Dicke vorbeigekommen. Er blieb ein paar Wochen. Dann ist der wieder weg, weiß ich, wohin. Wir haben gesagt, daß wir uns zwei Monate später in Istanbul treffen.
Ich hatte nicht mehr soviel Geld, aber bin rüber nach Dubrovnik. In Zagreb habe ich gemerkt, mit dem Geld komme ich vielleicht gerade noch mit Ach und Krach bis Istanbul. Dann sitze ich in Istanbul ohne Kohle, und wenn der Dicke nicht da ist – alles Scheiße, dann weiß ich nicht, wie lange ich da warten kann. Also dachte ich mir, ich fahre noch mal nach Berlin, besorge Geld und fahre von dort wieder zurück nach Istanbul. Ich habe mir in Belgrad ein Visum für Ungarn geholt, für die Tschechoslowakei und mich in den Zug gesetzt und bin durch Ungarn und die Tschechoslo-

wakei an die deutsche Grenze gefahren, die DDR-Grenze, Königsstein an der Elbe. Dort wartete das dicke Verhängnis auf mich.

Im Stasi-Knast

Ich habe meinen falschen Paß und irrsinnigerweise kein deutsches Geld, sondern französische Francs. Ein ganz flinker Berliner Grenzer sagt: »Hier, Visa-Schein«, und ich sage in meinem Blödkopf: »Ich habe aber nur Francs dabei«, und dann sagt der: »Au, dann macht das mein Kollege«, und rennt weiter. Es kommt ein ganz pedantischer, ruhiger Sachse, und der nimmt meinen Paß, geht raus, legt ihn unter eine Lampe und kriegt mit, daß der gefälscht ist. Plötzlich stürmen sie, ein paar Mann hoch, ins Abteil mit Maschinenpistolen: »Kommen Sie mit«, und Bingo war ich in der Baracke. Der sagt: »Der Paß ist falsch.« Ich sage: »Klar, weiß ich, natürlich ist der falsch, da erzählen Sie mir doch nichts Neues. Ich kann Ihnen auch sagen, warum! Lieber Mann, ich bin Terrorist, ich werde drüben gesucht, darum reise ich mit 'nem falschen Paß.« Und überhaupt in einem Satz: »Ich will weiter.« Da war ich offiziell aus dem 2. Juni noch nicht ausgestiegen. Ich war zwar schon, aber offiziell wußte das keiner. »Ich bin aktiver anti-imperialistischer Kämpfer, also lassen Sie mich bitte weiterfahren. Was ist denn das überhaupt hier, als sozialistisches Land...« Die Masche hat aber nicht gezogen. Der antwortet nämlich: »Das kann doch jeder sagen.«

Ich war natürlich geklatscht. Sie haben mich in Dresden ins Gefängnis gebracht. Das war ja erst mal ein Ding. Überleg mal, da haben die Alliierten ganz Dresden ausgelöscht, und dieser Knast steht immer noch. Da hat Michail Bakunin schon drin gesessen, Mitte letzten Jahrhunderts. Ein uraltes Gemäuer, ein Rundbau, ein Turm. Das Ding hat nun die ganzen Bombenangriffe und alles überlebt, vollkommen absurd. Irgendwann haben sie mich in ein Vernehmungszimmer gebracht, und das war wirklich wie in einem Hollywoodfilm: ein langer Tisch, dahinter hat einer gesessen mit Uniform und Brille, eine Lampe auf mich gerichtet, und hinter ihm eine rote Fahne mit einem Walter-Ulbricht-Bild. Zu der Zeit war Honecker schon dran, muß man sich überlegen. Dieser Beamte war knallhart drauf und hat dementsprechende Fragen gestellt. Da ich im Osten groß geworden bin, mußte ich ihm das alles beschreiben, die zwölf Jahre, die ich in Ost-Berlin gelebt habe. Wie, wer, wo, was, wann, die Nachbarn, Wahnsinn. Am nächsten Tag kam er und sagte: »Sie lügen ja, es war nicht Hausnummer 24, es war 27«, so in dieser Preislage hat sich das abgespielt.

Nach langem Hin und Her, nach fast einer Woche, haben sie mich in einen VEB-Brotwagen verfrachtet, ein kleiner Transporter, draußen stand dran VEB-Brotfabrik, und mit dem ging es nach Berlin in ein Stasi-Gefängnis. Sie haben mir das schon abgenommen, wer ich bin, das schon. Aber sie haben sich wohl gesagt, so einfach können sie mich nicht gehen lassen.

Der Stasi-Knast ist schlimmer als die Gefängnisse hier. Dagegen ist Moabit voll des Lebens und Tegel ein Platz an der Sonne, ein Erholungsheim. Das ist kein Spruch. Drüben – in der DDR – hab ich drei Knäste kennengelernt, einer grimmiger als der andere. Du mußt dort arbeiten. Du kannst nicht solche Faxen machen wie hier, daß du den ganzen Tag rumliegst oder sagst: »Arbeiten? Seid ihr wahnsinnig.« Drüben heißt es dann: »Dann sieh mal zu, daß du weiterkommst. Es gibt gar nichts.« – »Ich bin doch nicht freiwillig hier.« Aber die machen dir das schon klar auf ihre Art. Da biste froh, wenn du den Spaten anfassen darfst. Außerdem gibt es gar nichts, kein Gift, auch keinen Suff.

Der Stasi-Knast ist wie der Hochsicherheitstrakt im Westen, bloß wird da statt mit Fernsehkameras alles noch von Menschen erledigt. Irgendwann kam ich in eine Zelle mit zwei Leuten. Der eine wollte einfach nur türmen. Er war Tänzer bei der Nationalen Volksarmee, beim Armee-Ensemble und wollte mit falschen Papieren ausreisen. Bei der Paßübergabe haben sie ihn verhaftet. Er war ein Jahr lang in China, als die Kulturrevolution gerade anfing. Da sind sie mit einem Sonderzug durch ganz China gefahren und haben überall Gastspiele gegeben, mit dem Armee-Ensemble. Er hat den Anfang von der Kulturrevolution miterlebt – der erste Deutsche, den ich getroffen habe, der das live miterlebt hat.

Der andere war von Beruf Drucker beim »Neuen Deutschland«, und der Arme saß wegen gar nichts, wegen absolut nothing. Er war der Meinung, er wäre ein Erfinder, und hatte den Vorschlag eingereicht, man sollte bei Schiffen die Schiffsschraube vorne anbringen, dann fahren die Dinger schneller. Daraufhin haben sie ihm zurückgeschrieben: »Ignorant«, das Schiffahrtsministerium der DDR.

Als nächstes hat er ein System entwickelt, mit dem

man Wetter machen kann, mit dem man die Wolken verschieben kann. Sie haben ihm mitgeteilt, er solle den Quatsch sein lassen. Jetzt hat der gute Mann dieses Wettermachsystem, das im Ministerium abgelehnt worden war, zum Sender Freies Europa geschickt. Den Brief müssen die abgefangen haben, daraufhin landete er wegen Geheimnisverrat und Spionage im Stasi-Knast. Der hat die Welt nicht mehr verstanden – ein 58 Jahre alter Daddy, der einfach nur wirr war. Ein ganz normaler Mensch, der einfach still seinen Streifen gemacht hat, das war eben seine Macke. Aber sie haben den verblendeten Erfinder noch verscheißert. Er war fix und fertig, der Alte, er hat die Welt nicht mehr verstanden. Es war schon wie bei Kafka, vollkommen irre. Er ist zum Verhör reingekommen, da sagt der Vernehmungsbeamte: »Kieken Se sich mal de Wand da an, sehn Se wat?« – »Nee.« War 'ne leere Wand. »Aber nicht mehr lange. Demnächst wird eine Bronzetafel dort hängen: Hier litt einst der geniale, lange Zeit verkannte Erfinder...« Der totale Zynismus. Für die Ostler war der Stasi-Knast noch schlimmer als für mich. Mir haben sie, als sie endlich überzeugt waren, daß ich der bin, der ich vorgebe zu sein, zumindest Kantinenessen gegeben. Das Knastessen drüben ist noch viel schlimmer als hier. Und hier kann man es schon kaum runterwürgen. Für die Politischen ist das dasselbe in beiden Deutschland, da ist kein Unterschied mehr. Du siehst und hörst gar nichts, wenn die nicht wollen. Weder ein Anwalt noch andere Leute dürfen dich besuchen, noch kriegst du Briefe, Zeitungen, Bücher, Zigaretten – nichts. Es reicht, wenn sie dir Essen geben, dich am Leben erhalten. Die machen denselben Psychoterror wie hier, also nachts alle drei Minuten das Licht an, damit du jedesmal hochschreckst. Du darfst auch nur mit den Händen auf der Bettdecke schlafen, damit du dir nicht die Pulsadern aufschneiden kannst. Du mußt auch Rasierzeug sofort wieder abgeben. Da guckt die Wachtel auch zu, wenn du dich rasierst. Du siehst auch keinen anderen Gefangenen in den Gängen. Es gibt Ampeln. Wenn die Wachtel mit dir einen Gang langläuft, und bei einer Kreuzung zeigt die Ampel rot, dann heißt das, auf dem Gang kommt jetzt auch ein Gefangener. Er schließt dich in eine Leerzelle, oder er sagt »umdrehen«, damit du den andern nicht siehst. Du siehst niemanden, es ist Totalisolation. Die Fenster aus Glasbausteinen und eine Klimaanlage, die Tag und Nacht vor sich hinknattert. Ist schon ziemlich nervig. Da biste schon ziemlich fertig. Hofgang hast du eine halbe Stunde – in einem Betongeviert mit hohen Mauern. Oben steht ein Wachposten mit einer Maschinenpistole, und du mußt drin im Kreis laufen. Du siehst geradeso den Himmel. Du siehst auch nicht, wer in den andern Betonkäfigen Freistunde macht. Du kriegst nichts und niemanden mit.

Ich war zuerst in einer Einzelzelle, dann mit den beiden Leutchen zusammen. Das war angenehmer. Ich bekam jeden Tag 60 Zigaretten, drei Schachteln, und Streichhölzer sowie das »Neue Deutschland«. Das war sehr nett. Bücher auch, ich habe da drin »Goya« von Feuchtwanger gelesen, ein geiles Buch. Und wir konnten den ganzen Tag, wenn wir wollten, im Bett liegenbleiben.

Bei den Verhören wollten die Stasi-Leute von mir natürlich wissen, wie oft ich im Osten bin und ob wir Kontakte zu Wolf Biermann oder ähnlichen Leuten im

Osten hätten. Davor hatten sie tierische Angst. Mit uns wollten sie nichts zu tun haben, mit der Begründung: »Wir hätten den Westen ja auch schon längst angegriffen, wenn wir stark genug wären.« Sie haben gesagt: »Ihr seid ja wahnsinnig, mit ein paar Pistolen gegen den ganzen Staat vorzugehen. Das ist ja hirnverbrannt!« Schließlich bekam ich sogar Besuch von einem Russen in Uniform – ein KGB-Typ. Der Vernehmungsbeamte hat gar nichts gesagt, eine Viertelstunde lang, hat mich nur angestarrt, und plötzlich fragt er: »Hatten Sie schon mal Kontakte zur IRA?« Ich sage: »Nein, nicht.« Was zwar nicht mehr ganz der Wahrheit entsprach... aber ich sagte: »Nee, tut mir leid.« Da ist er rausgegangen.

Nach dreieinhalb Monaten holten sie mich aus der Zelle, ein paar Stasi-Beamte in Zivil brachten mich zum Bahnhof Friedrichstraße, und dort ging es über den »Ho-Chi-minh-Pfad« in den Westen: Der Ho-Chi-minh-Pfad ist eine völlig unscheinbare »Tür« zwischen dem Ost- und dem Westteil. Durch die Tür werden bestimmte Personen an den DDR-Kontrollen vorbei in den Westen geschleust – darunter auch viele Spione.

Das Thema, in Istanbul den Dicken zu treffen, hatte sich inzwischen erledigt. Eines Abends lernte ich in Berlin auf einer Party der ersten Video-Kids Paul Getty kennen, den Mann mit dem einen Ohr. Das andere hatten ihm seine Entführer abgeschnitten. Der kurvte ohne eine müde Mark durch die Weltgeschichte, denn seine Familie hatte ihn enterbt, sie versuchte auch immer ihn zu entmündigen, ein Milliardärssohn ohne Geld. Er wollte nach Rom, und wir verabredeten, uns dort in ein paar Tagen zu treffen.

Milliardärssohn, aber nichts zu fressen

Wieder über die Friedrichstraße raus und mit dem Flugzeug von Schönefeld nach Rom. Anfang '74 war das, zuerst konnten wir bei einer Schwarzen aus Harlem wohnen, die einen Reichen geheiratet hatte und in einem luxuriösen Appartement an der Piazza Venezia residierte. Diese Wohnung war in einem alten Palazzo und erstreckte sich über drei Stockwerke. Sie hatte mehrere Terrassen, und wir wohnten mit -zig Leuten dort. Es war nicht schlecht, aber nach etwa einem Monat flogen wir alle raus. Paul hatte keine Wohnung, Jutta und Martina, die beiden Frauen, mit denen wir zusammen waren, auch nicht und ich sowieso nicht. Wir saßen in Rom auf der Straße, hatten keine Wohnung, nicht mal was zu fressen – und das zusammen mit dem Sohn einer der reichsten Familien der Welt. Das war schon absurd – Hi Ho.
Eines schönen Sonntags sind wir rausgefahren in Richtung Süden, nach Sperlonga. Sperlonga ist ein Fischernest an der Küste des Tyrrhenischen Meers, ziemlich genau in der Mitte zwischen Rom und Neapel. Sperlonga ragt auf einem Felsen ins Meer hinaus und wurde zu Beginn dieses Jahrtausends erbaut. Die vielen Treppen in der Stadt sind wie auf den Zeichnungen von Escher geführt, es läßt sich oft nicht sagen, ob es rauf oder runter geht. Es bedeutet nicht viel, hochzugehen, du kannst dennoch an einem tieferen Punkt ankommen. Eine sehr eigentümliche Architektur. Unsere Zwillinge, Jutta und Martina, sind wieder abgehauen, Paul Getty auch.

Ich bin in Sperlonga geblieben, bis zum Frühjahr '74. Sperlonga liegt in einer uralten Ecke. Die Römer haben da schon gebaut. Wenn du die Felsen runterkommst vom Dorf, erreichst du einen Strand, und am Ende kommt wieder ein zweiter Felsen. In diesem Felsen ist eine Grotte, eine ziemlich große Höhle. Spelunke heißt das deutsche Wort. In der Höhle sind die Reste eines Wassersystems der Römer gefunden worden. Außerdem haben sie unter Schutt eine griechische Marmorarbeit gefunden, eine Statue in Lebensgröße, wie ein Riese mit einem Becher in der Hand, der auf einem Felsen liegt. Die Szene aus der Odyssee, wie Odysseus dem einäugigen Riesen in der Höhle, der seine Kameraden frißt, das Auge aussticht. Sie bereiten ihm einen Schlaftrunk, und als er schläft, stechen sie ihm mit einem brennenden Olivenzweig das Auge aus. Das ist ein Zyklop, ein Sohn von Uranus und Gäa. Als sie ihn geblendet haben, fahren sie los und landen in Tschirtscheo. Das ist wirklich gerade rüber, eine große Bucht, und am Ende ist dieser Berg, den die ausgehauen haben, vor grauer Urzeit, in der Zeit, als Stonehenge gebaut wurde. Da haben die den Berg so bearbeitet, daß er aussieht wie eine Frau. Es weiß natürlich bis heute kein Mensch, warum. Die haben den Berg quasi in der Mitte ausgehöhlt, so daß zwei Spitzen entstehen, und in der Senke zwischen den beiden Spitzen haben sie eine Mauer gezogen aus riesigen Granitblöcken. Wenn du vom Land aus auf den Berg zukommst, sieht das aus wie das Profil eines Frauenkopfes. Kommst du von der See, sieht das aus wie eine Frau, die die Beine gespreizt hat und deren Brüste hochstehen.
Nach Montecassino ist es Luftlinie vielleicht 50 Kilo-

meter. In dem nächsten Ort, Itri, da hat damals der berühmteste Räuber Italiens gewohnt, Fra Diavolo. Ursprünglich führte die Straße von Neapel hoch durch das Landesinnere, nicht an der Küste entlang. Anfang der fünfziger Jahre haben sie eine Straße hingebaut. Ringsherum waren die Pontinischen Sümpfe. Schon die Etrusker hatten versucht, sie trockenzulegen. Endgültig gelang das jedoch erst 1928. Sumpfland voller Schlangen. Nach Sperlonga ist keiner so recht hingekommen zu denen. Seine Bewohner waren jahrhundertelang von der Außenwelt abgeschnitten. Sie haben eine Sprache, die kein Mensch versteht und keiner lernen kann. Das ist eine Mischung aus Arabisch und Altitalienisch. Da kommt keiner dahinter. Sie sprechen sie heute noch. Die Jungen können auch Italienisch, aber die alten Weiber können nur Sperberani. Sie waren ewig nur unter sich, totale Inzucht. Es sprangen die merkwürdigsten Gestalten herum wie aus einem Hieronymus-Bosch-Bild. Oder Breughel oder so was. Auch in den fünfziger Jahren haben sie um 10 Uhr abends noch die Stadttore zugemacht. Die haben sie jetzt abgeschafft, also ausgehängt.

Ich hatte eine schöne Zeit in Sperlonga, direkt am Meer. Ich habe eine Wohnung gekriegt und habe die auch behalten bis zum Schluß. Sie lag in einem der Ecktürme der Stadt, zum Strand, zu der Höhle hin. Eine Terrasse oben drauf und unten drunter die Wohnung. Sie war nicht groß, bloß zwei Räume und die Terrasse, auf der du im Sommer auch schlafen konntest.

In der Zeit habe ich dieses Buch angefangen, »Wie alles anfing...«, habe angefangen, mir Gedanken zu machen und aufzuschreiben. Im Winter bin ich dann nach Wien und habe in so einem kleinen Dorf in Niederösterreich in drei Tagen und Nächten alles aufs Band gesprochen. Gelesen hab ich das Ding nie.

Die Kollegen von der Marighuelha

Wieder zurück in Rom habe ich mit Brasilianern zusammen gewohnt von der Marighuelha, der brasilianischen Stadtguerilla. Sie waren die letzten Überlebenden, ihre Genossen waren alle ausgelöscht worden von der Polizei. Sie waren schließlich geflüchtet, ein Teil von ihnen wurde auch in der deutschen Botschaft damals ausgetauscht. Da sind doch 40 Leute nach Algerien. Da haben sie den deutschen Botschafter in Rio entführt, in Sao Paulo, und dann haben sie den gegen 40 Leute ausgetauscht. Das war Anfang der siebziger Jahre. Da haben sie doch auch einen erschossen. Graf Spreti in Guatemala. Das war der Botschafter.
Ich habe da mit den Brasilianern ein paar Monate in so einer Wohnung gesessen, wo auch wieder keiner wußte, wem sie gehört und wer da zuständig ist. Miete hat natürlich niemand gezahlt. Die Brasilianer waren unheimlich lustig drauf, nicht so wie die Deutschen, Baader-Meinhof, diese ernsten RAF-Leute, sondern wahnsinnig lustig. Den ganzen Tag haben wir Koks genommen, Tüten gedreht, Musik gehört, sind rumgerannt und haben nur Blödsinn getrieben. Sie hatten allerdings unheimliches Heimweh, wollten alle wieder zurück. Denen hat Brasilien richtig gefehlt. Sie haben mich immer gefragt, ob ich kein Heimweh habe.

Ich habe gesagt: »Um Gottes willen, laßt mich zufrieden, ich bin froh, daß ich hier sitze. Besser kann es mir gar nicht gehen. Schon die Tatsache, daß ich nicht in Deutschland bin und nicht im Knast, das reicht mir völlig. Wenn ich rausgucke, gutes Wetter, alles klärchen hier, keine Gedanken machen.«
Es war gut mit denen. Sie haben auch jede Nacht durchgefeiert, da war nicht eine Nacht, wo die mal geschlafen haben. Wir wohnten gleich neben der Engelsbrücke am Tiber. Die ganze Nacht durch konntest du die »Taverna Patricia« sehen. Da war auch immer ein Publikum! Bullen, Mafiosi, und jede Streifenwagenbesatzung hat da erst mal angehalten und Kaffee getrunken. War eine ganz heiße Scene. Wir immer mittenmang und mit den Schiebern gequatscht. Frühmorgens hat nebenan immer »Bella Napoli« aufgemacht. Das war mehr so ein Rentnercafé, aber sie hatten besseren Kaffee. Wir sind dann alle noch zu »Bella Napoli«, haben Kaffee getrunken und Cornetto gegesen, und dann sind wir schlafen gegangen, denn es war Tag.
Die Brasilianer hatten einiges durchgemacht, denn in Südamerika sind die Sitten härter. Einer von ihnen hieß Wellington, er war Commandante bei der Marighuelha gewesen, die rechte Hand des Chefs. Dem hatten die Bullen den ganzen Rücken mit Elektroschocks verbrannt. Bei einer Überführung konnte er schließlich einem der Wärter die Knarre wegreißen und die anderen niederschießen, und anschließend ist er in Handschellen mit der Knarre in der Hand aus Brasilien raus, zu Fuß. So zäh war er. Dennoch hat der die ganze Zeit gelacht, war immer gut drauf, hatte nichts Verbissenes oder Ideologisches. Sie waren reine Mar-

xisten und Kommunisten. Der Marighuelha war in der Kommunistischen Partei und ist dann ausgetreten und hat das Konzept Stadtguerilla eingeführt. Sie sind total aufgerieben worden, aber dieses Marighuelha-Buch war gerade für die RAF-Leute der ersten Stunde eine Art Bibel.

Die Marighuelha-Truppe war von den RAF-Leuten oder denen des 2. Juni grundsätzlich verschieden. Sie waren einfach viel lustiger drauf als wir. Wir wohnten an der Engelsbrücke so lange, wie das gutging. War ja klar, irgendwann stimmte es mit der Wohnung vorn und hinten nicht mehr, also mußten wir da raus. Zum Schluß standen schon rund um die Uhr zwei Zivilbullen vor der Tür.

Ich bin dann wieder nach Sperlonga gegangen, und dort besuchte mich ein Kumpel und fragte mich, ob ich mit ihm wieder nach Indien komme. »Klar«, habe ich gesagt und bin wieder gen Asien gefahren. Von diesem Zeitpunkt an bin ich nur noch hin und her, Indien–Italien. Ich war nicht mehr in Deutschland in den nächsten fünf Jahren, sondern bin immer zwischen Asien und Europa hin und her. Meistens den Winter über in Asien, den Sommer in Italien und im Herbst wieder nach Asien.

Es war September 1975, und ich wollte den Dicken wiedertreffen, in Goa. Du triffst ja doch immer noch Leute aus Berlin oder rufst an oder schreibst. Du kriegst schon die Bewegung von ein paar Leuten mit. Wir haben uns geschrieben. Und so wußte ich meist von den paar Leuten aus Berlin, die unterwegs waren, wo sie sich gerade aufhalten.

Wieder gen Osten

Ich bin mit dem Kumpel von Sperlonga mit dem Auto losgefahren. Zuerst nach Neapel. Auch nicht schlecht, Neapel. Das ist schon wie eine orientalische Stadt, nicht mehr so europäisch. Der Kleidermarkt, Resina, am Stadtrand Richtung Pompeji, der könnte auch ebensogut in einem arabischen Land oder Indien sein. Er liegt an einer großen Straße, die bergauf führt. Eine Kirche steht da, bunt bemalt, wie ein Hindutempel, und davor auf der Straße liegen die Ballen von Altkleidern. Meistens so geklaute Rotkreuz-Sendungen. Sie kommen im Hafen an, und die Ballen werden gleich auf dem Markt weiterverkauft.

Das ganze Feeling, das Chaos, das herrscht, die Frauen mit den schwarzen Kopftüchern, alles wirkt schon sehr orientalisch. Dieses Flair, die Atmosphäre, die gewisse Magie, die in der Luft liegt, das haben die anderen europäischen Städte nicht. Der Verkehr, überall Straßenhändler und Bettler, die Fälscherbuden, in denen sie die Markenartikel fälschen, Parker-Kugelschreiber oder Lacoste-Hemden.

Wir setzen mit dem Schiff nach Nordgriechenland über. Das war schon eine ganz andere Landschaft. Ziemlich wild an der albanischen Grenze, Berge, Täler und Wälder. Es sieht aus wie auf diesem Gemälde der Alexander-Schlacht von Altdorfer. Wir fahren quer durch Griechenland bis an die türkische Grenze. Die Grenzstadt heißt Alexandroupolis. Schon wenige hundert Meter hinter der Grenze ändert sich plötzlich das Bild. In Nordgriechenland gab es schon viele Moscheen, aber das Bild war immer noch europäisch, hier aber sah man nur verschleierte Frauen, fuhr über

schlechtere Straßen, durch ein Chaos von Autos und Menschen. Istanbul ist gewissermaßen die Krone dieses Chaos.
Istanbul ist eigentlich eine schöne Stadt. Die haben zwar schon viele der alten Holzhäuser abgerissen, aber dennoch gibt es noch alte Ecken. Es ist quicklebendig und hat für eine islamische Stadt auch noch ein ziemlich liberales Klima. Im Herbst 1975, noch vor dem Militärputsch, war es eine ziemlich offene Stadt. Klar, eine islamische Stadt, aber mit westlicher Prägung. Unter der Oberfläche war es nicht mehr so friedlich, aber der erste Eindruck war eigentlich: alles easy.
Die ganze Scene hat sich an der Sultan-Ahmad-Moschee getroffen. Daneben liegt die Hagia Sophia. Ein großer Platz, in dessen Mitte ein Brunnen steht, den Kaiser Wilhelm gestiftet hat. Der war da mal, vor dem Ersten Weltkrieg. Die Sultan-Ahmad-Moschee, die Blaue Moschee, ist die schönste von Istanbul, sie ist innen mit blauen Mosaiken ausgelegt und steht direkt am Bosporus. An diesem Platz lag auch der berühmtberüchtigte Pudding-Shop, eine Art Restaurant, und drinnen hing eine schwarze Tafel, auf der die Mitfahrgelegenheiten angeschlagen waren, Wünsche wie Angebote. Dort trafen sich die Leute, die zurückfahren nach Europa und alle, die mit dem Bus oder PKW weiter nach Asien wollten. Ein Doppeldeckerbus aus London, Berliner BVG-Busse (Berliner Verkehrs-Gesellschaft), die unmöglichsten Gefährte, alles da. Auf dem Platz standen die Autos der Freaks, und selbstverständlich war das eine wichtige Nachrichtenbörse. Um den Platz herum in den Seitenstraßen gab es viele kleine Hotels, dort fing auch gleich der Basar an. Die

Hotels hatten einen ziemlich schlechten Ruf, weil reichlich Junkies drin saßen. Die türkische Polizei machte zu der Zeit schon richtig Trouble. Du durftest dich eigentlich nicht mehr mit Gift erwischen lassen. Das war schon gefährlich. Trotzdem haben da natürlich alle, auch viele Türken, gedealt. Es gab Junkies, die sind nie mehr über Istanbul hinausgekommen. Die sind dort hängengeblieben. In einem Hotel wohnte eine Gruppe von zwölf Wienern, davon ist die Hälfte verreckt, sie haben sich einfach zu Tode gedrückt. Unten in dem Hotel war eine Apotheke. Also haben die den Stoff nur noch aufs Zimmer bestellt und haben da oben losgelegt, auf Teufel komm raus. Die Hälfte ist schon mal auf dem Friedhof von Istanbul gelandet. Auf dem Karawanenhof vor der Sultan-Ahmad-Moschee, wo sich früher alle mit Kamelen versammelt haben, standen sie jetzt mit Reisebussen und VW-Bussen, Motorrädern, mit Beiwagen, ohne Beiwagen, Fahrrädern. Zwei Kanadier, die für UNICEF unterwegs waren, haben es zu Fuß versucht. Sie wurden später umgebracht in Kandahar, von afghanischen Banditen, in der Wüste ausgeraubt und erschossen. Ich habe sie vom Bus aus gesehen, als sie mitten durch die afghanische Wüste liefen. Sie hatten so einen kleinen Esel dabei, der trug ein Schild, auf dem stand: »Zu Fuß rund um die Welt für UNICEF.«
In Istanbul fängt das an, daß du bestimmte Leute triffst. Manche hast du schon in Thessaloniki gesehen, die siehst du plötzlich wieder. Im Pudding-Shop oder auf dem Platz quatscht du mit diesem und jenem. Es gab diese Linie »Magic-Bus«, Engländer hatten sie organisiert. Sie hatten schließlich schon eine richtig große Firma, aber als die islamische Revolution in Iran

anfing, sind sie pleite gegangen. Sie hatten schon in London am Piccadilly Circus ein Büro und boten Charterflüge an. Die Fahrt mit dem »Magic-Bus« war verhältnismäßig billig. Er fuhr bis Delhi.
Ich habe einen Österreicher getroffen, der hatte nur eine Flasche Whisky dabei und einen Reisepaß. Mehr hatte der nicht. Den habe ich später in Goa wiedergetroffen. Da hatte er die Flasche Whisky verkauft, dafür was anderes eingekauft. Mit solchen winzigen Geschäften hat er sich von Land zu Land durchgeschlagen. Manche hatten nur noch indische oder afghanische Klamotten an. Sie hatten schon gar keine westlichen Sachen mehr dabei.
Wir blieben eine Woche in Istanbul. Es war schön. Stellenweise gleicht die Stadt architektonisch merkwürdigerweise Berlin. Es gibt ein paar Straßen mit den gleichen alten Gaslaternen, die Fassaden ähneln manchen Häuserzeilen in Berlin. Früher standen dort Holzhäuser, die haben sie Ende vergangenen Jahrhunderts abgerissen. Oder sieht Berlin heute türkisch aus? Ein großes Puffviertel war am Taxim. Das haben andere islamische Städte nicht so offen. Die Türken trinken auch Alkohol. Kurz, die Türkei unterscheidet sich schon ziemlich von anderen islamischen Ländern, was sicher noch dem Einfluß Atatürks zu verdanken ist. Auf dem Land allerdings ist davon nicht mehr viel zu spüren. In Anatolien, ob du da auf der persischen Seite bist oder auf der türkischen, da ist kein großer Unterschied mehr.

Die Straße

Hinter Istanbul beginnt der Treck nach Indien. 1975 waren noch massenweise Leute auf dieser Straße unterwegs, es gab Reisebusse »Overland to Nepal«. In modernen Reisebussen unternahmen normale Bürger Bildungsreisen. Von Istanbul ab hast du an jeder Tankstelle, oder wo immer du gehalten hast, einen Europäer getroffen. Viele Fernfahrer, die Waren nach Persien oder weiter gebracht haben, darunter viele Bulgaren, aber auch reichlich Deutsche und Engländer, wobei die Engländer eigentlich immer die angenehmsten Kumpels waren, weil sie den Trip schon jahrelang gemacht hatten. Außerdem sind englische Proleten einfach klassenbewußter und besser drauf als deutsche. Die Engländer trugen schwarze Lederjacken, Ohrringe und waren tätowiert. Die waren druff auf Morphium oder Alkohol oder irgendwas. Sie waren wilder. Die Deutschen dagegen, wenn du dich mit denen unterhalten hast, waren oft totale Rassisten, die nur geflucht und gemault haben über die »Kanaken«. Völlig Schwachsinnige, sie verdienen doch ihr Geld damit.
Oben in Anatolien ist es stellenweise echt schlimm gewesen, dieses ganze Berggebiet war polizeilich nicht mehr unter Kontrolle. Kurz vor der Grenze, hinter Erzurum, ist die Türkeifahrerei echt ein Wahnsinn gewesen. Als wir da langfahren, das war wie im Wildwestfilm. Die Kinder standen oben auf einem Hügel – eines neben dem andern – und haben Steine auf die Autos geschmissen. Von der Straße führte gleich ein Hang runter, und hinter uns haben sie so einen roten Ford – das habe ich im Rückspiegel gesehen – voll in

die Windschutzscheibe getroffen. Der Fahrer hat den Überblick verloren, hat sich überschlagen und raste den Hang runter. Die Kurden liefen gleich den Hügel runter auf das Auto zu, um es auszuplündern.

Bis 1915 haben in der unwegsamen Gegend Armenier gelebt am Fuße des Ararat. Damals haben Türken unter den Armeniern ein furchtbares Massaker angerichtet, die Überlebenden wurden weggetrieben. Es gibt heute nur noch drei armenische Dörfer. Eine wilde Gegend, eine Mondlandschaft, Hügel, Krater, Höhlen und Berge. Sah sehr spacy aus. Die Türken haben dort all die angesiedelt, die sie in den großen Städten nicht haben wollten. Die angeblich Asozialen haben sie in diese Mondlandschaft abgeschoben: »Kommt mal klar und kommt bloß nicht wieder.«

Zum Teil leben die Menschen dort in Erdhöhlen: richtige Katakomben in den Berg reingetrieben, nur mit einer Tür und ohne Fenster, vielleicht gerade noch einem Rauchabzug. Und es wird kalt im Winter, minus 30 Grad oder kälter.

Wir kommen durch ein Nest namens Beiburt. Das ist kurz vor der Grenze zu Iran im anatolischen Hochland. Dieses Nest lag in einer Senke und sah aus wie eine Stadt aus Eis. Alles glitzerte und glänzte. Solange die Sonne schien, sah es wahnsinnig aus: die ganze Stadt richtig dick mit Eis zugefroren, die Brücken, alles wie aus Kristall. Wir haben gefroren. Mein Kumpel ist mit einer Lötlampe an der Windschutzscheibe gefahren, damit wenigstens immer noch ein kleines Loch zum Durchgucken war, um wenigstens sehen zu können, was auf der total vereisten Straße passierte.

Die armenischen Dörfer sind sauber und nicht so

chaotisch. Die Frauen tragen Trachten, die ein bißchen an den Schwarzwald erinnern: rote Bolero-Jäckchen, schwarze Röcke und silberne Ketten. Wir merkten, das ist eine uralte Ecke. Der Ararat hat auch eine bestimmte Faszination, dieser Berg. Die sogenannten heiligen Berge der Menschheit sehen komischerweise alle ziemlich gleich aus, ob nun der Fudschijama in Japan oder der Kilimandscharo oder der Ararat oder der Popocatépetl in Mexiko. Die sehen sich alle sehr ähnlich. Die Form eines Kegels, mit einer Schneekappe oben drauf. Auf dem Ararat ist angeblich die Arche Noah gelandet, es gab und gibt -zig Expeditionen, die ihre Reste suchen. Manche sagen, das Volk Israel kommt vom Ararat. Irgendwie ist in seiner Nähe immer eine eigenartige Atmosphäre aufgekommen, zwischen den verschiedensten Leuten, als ob der Berg einen Einfluß auf das menschliche Denken oder Fühlen hätte. Oft haben Leute begonnen, über Magie oder ähnliche Dinge zu reden.

Es war November und richtig kalt. Viel wächst und gedeiht dort nicht. Denn die Gegend besteht überwiegend aus kahlem Fels. Vielleicht war früher das Klima da mal anders, vielleicht kam es zu Erosionen, weil zuviel Holz abgehauen wurde. Es gibt ökologische Katastrophen, die sind schon ein paar tausend Jahre alt, wie etwa in Süditalien, wo die Römer und die Griechen in schöner Eintracht alle Baumbestände abgeholzt haben.

Was wir uns derzeit in Europa antun, begreift ja auch keiner von den Deppen auf den jeweiligen Regierungsbänken. Industriemüll und Vernichtungswaffen werden die Landkarte wohl eines Tages total verändern.

Wer einmal in der Wüste war, begreift ein für allemal,

einer der wichtigsten Stoffe zum Leben ist Wasser. Da setze ich mich doch nicht hin und vergifte das eigene Wasser, das ich habe. Also ich grabe mir selbst das Wasser ab, wie man so schön sagt. Das ist doch Wahnsinn. Das macht doch kein normaler Mensch.

Die türkische Grenzstadt zu Iran heißt Makul

Die Gegend sieht der türkischen ziemlich ähnlich, aber an einem merkten wir sofort, daß wir im Iran waren, am Schah-Kult. Jede Straße hieß entweder Reza Pahlewi, Schah Pahlewi, Pahlewi-Avenue, Pahlewi-Platz. Die Dörfer sahen wie genormt aus, eine Straße, links und rechts Häuser, dann kam ein Platz, in der Mitte ein Schah-Denkmal mit bunten Glühbirnen, links ein Supermarkt, rechts die Polizeistation. Und ab und zu auch eine kleine Moschee.

In jedem Laden ein Bild von diesem Verbrecher. Jetzt hängt dort bestimmt ein Bild von Khomeini. Stell dir vor, hier hängt in jedem Laden ein Kohl und grinst dich an. Du gehst morgens zum Bäcker, und über dem Brot hängt Helmut. Da vergeht dir gleich der Appetit. In Asien ist kein Entkommen vor demjenigen, der gerade am Drücker ist. Der grinst dich aus jeder Ecke an. Da wirst du wahnsinnig. Der eine hat ein Bärtchen, der andere hat keins. Das sind die Unterschiede. In der Türkei ist Atatürk allgegenwärtig. In Indien allerdings herrschen die Götterposter. Da wird es schon ganz bunt.

In Indien mußt du in jedem Laden zunächst schauen,

wessen Bild an der Wand hängt. Das ist die einfachste Art für einen Fremden klarzukommen, solange er Sprachen und Kleidung nicht einordnen kann. Hat er die Kaaba hängen, ist er ein Muslim. Hat er einen Aga Khan hängen? Okay, ist er Ismailit. Khomeini, ein Schiit. Dann kommen die ganzen Hindusekten. Viele Kaufleute haben den Ganisch hängen, diesen elefantenköpfigen Gott der Händler. Andere haben Schiwa, ihren Guru oder irgendwas. Dann haben manche Schiwa Ichi. Er sitzt auf einem Pferd, Turban auf dem Kopf, Säbel in der Hand und so einen Harnisch um. Das sind die fanatischen Hindus, die Nazis, deren Bewegung von einem Freund Ernst Rälens gegründet wurde. Manche haben eine bunte Auswahl: Mao Tse-tung, den Dalai-Lama und Schiwa. Zu Zeiten des Schahs mußten alle Iraner, auch die im Ausland lebten, sein Bild in ihrem Laden aufhängen. Die SAVAK hat das überprüft.
Die Schiiten malen den Propheten, allerdings besteht das Gesicht nur aus Licht, du kannst es nicht erkennen.
Schiiten hören selten oder nie Musik. Sie gilt als Ablenkung. Bei den Arabern dudelt dagegen den lieben langen Tag das Radio.
Das ist ja gerade das Irre an der Herumfahrerei. Du wirst ja mit mehreren Kulturen konfrontiert. Du mußt dich ja ein paarmal umstellen. Du mußt immer flexibel und offen bleiben, sonst hast du ja nur Ärger, die liebe lange Fahrt. Ich habe aber Europäer beobachtet, die sich darauf überhaupt nicht einstellen konnten und sich nur geärgert haben.
Was ich festgestellt habe ist, daß in solchen asiatischen oder orientalischen Ländern die alten Leute

schwer in Ordnung sind, daß ich zum Beispiel Haschisch und Opium einfacher und gefahrloser von alten Leuten bekam als von irgendwelchen Jungen. In Deutschland ist das genau umgekehrt. Hier komme ich eher mit einem Jungen klar als mit diesen alten Zauseln, die vielleicht noch bei den Nazis mitmarschiert sind. In Asien sind die Jungen oft schon so weit verwestlicht, daß sie auch gleich die schlechten Sitten mit übernommen haben: die Hektik und die Geldgier.

Als wir die iranische Grenze erreichten, bekamen wir einen Zettel, auf dem alle verbotenen Drogen aufgezählt waren. Es wurde einem geraten: »Wenn Sie welche bei sich haben, werfen Sie sie weg, denn in Persien stehen sehr hohe Strafen auf den Besitz von Drogen.« Das war die erste Warnung in dem Ländchen, und es hat so gut wie keiner mehr was gemacht. Es hat mich später wirklich gewundert, daß sie es geschafft haben, den Schah zu stürzen, denn dieses Polizeiaufgebot auf den ersten Blick war schon erschreckend. Die erste Stadt, in die wir kamen, war Täbris, ziemlich modern, ziemlich verwestlicht, nicht nur von der Architektur her gesehen, sondern von der ganzen Atmosphäre. Ein paar alte Viertel und Moscheen waren übriggeblieben und Nußläden. Die siehst du schon ab und zu in der Türkei, aber in Iran überall. Innen stehen alte Holzregale, wie bei uns früher in den Bäckerläden, mit offenen Fächern, dicke, dunkel gebeizte Holzregale. In der Ecke steht ein Samowar, und die Wärme von dem Samowar wird in das Regal geleitet. Die Zwischenräume sind hohl. Da läuft warme Luft durch. Sie sind immer warm, die Pistazien, Erdnüsse, Haselnüsse oder Walnüsse. Von diesen Nußläden gab es in Täbris noch ein paar. Aber ansonsten war Täbris ziemlich modernisiert, viel Industrie, Petrochemie und eine große Verkaufs- und Reparaturniederlassung von Mercedes. Und an allen Apotheken prangt das Hoechst- oder das Bayer-Zeichen, bis Indien, überall »Deutsche Technik für die Welt«, bestimmte Produkte verfolgen dich den ganzen Weg. VW, Mercedes, Bayer, Hoechst.

In den Basaren, in den Stoffläden, überall bieten sie Burda-Schnittmusterhefte an. In ganz Asien. Burda-Schnittmuster sind ganz weit vorn. Hätte ich mir nie träumen lassen.

Wir haben geguckt, daß wir schnell durch den Iran kamen, weil es zuviel Ärger gab. In Teheran sind nur wenige von uns länger geblieben. Es war zu aggressiv damals und zu verwestlicht. Ständig sind sie uns auf den Keks gegangen wegen Drogen, haben uns kontrolliert. Es gab ein Hotel in Teheran, »Amir Kabir«, das war nur für Hippies gedacht. Es war wie der Knast in Moabit, kein Spruch. Ich habe gedacht, ich breche zusammen. Erst mal angestrichen wie Moabit, dieser selbe blaugrüne Ölfarbton, diese ganz gemeine Farbe; dann sind die einzelnen Abteilungen gesperrt. Du konntest nicht einfach auf der anderen Seite vom Gang in die Abteilung reingehen. Da war eine Tür, und die war zu. Und Gänge wie Eisenkonstruktionen an so einer Hauswand dran, von denen gingen die Räume ab – auch wie im Knast. Der Portier im Büro konnte die ganze Front beobachten, wie die Wärter im Knast in der Zentrale sitzen und in die einzelnen Abteilungen reingucken. Da war nichts mehr drin mit Rauchen, die hätten hundertprozentig die Bullen geholt. Ein ganz übler Schuppen, typisch für Teheran.

Das nächste Mal bin ich dann rumgefahren um Teheran. Da gibt es eine Route, die ist sogar sehr schön. Unten in der Senke siehst du schon Teheran, dann kommt ein Industrievorort namens Karasch. Da muß man abbiegen nach Nordteheran, in die Berge. An den Hängen haben die Reichen ihre Häuser stehen, weil es da ein bißchen kühler und die Luft besser ist. Da sind die ganzen Villen. Wenn du bei Karasch rauffährst, kommst du an prachtvollen Villen vorbei. Danach kommt ein Stausee, und man fährt durch einen Tunnel, und dann ist man im Elbrus-Gebirge. Da ist es traumhaft schön, ein Nationalpark, hieß damals natürlich Schah-Reza-Nationalpark – wie auch sonst. Die Schluchten sind mit Efeu und Schlingpflanzen zugewuchert. Sieht aus wie auf chinesischen Tuschzeichnungen. Wir sind durchgefahren, und es war Nebel, und es lag ein bißchen Schnee, wie in einer Traumlandschaft.
Ich bin ausgestiegen aus dem Auto und an so einen Felsen gegangen, um zu pinkeln. Dabei gucke ich so hoch, und da sitzt direkt einen Meter über mir ein großer Steinadler, ganz unbeweglich und starrt mich an. Das war irre. Ich hätte ihn anfassen können, aber das habe ich lieber sein lassen. Wir haben uns ganz ruhig angestarrt, er ist unbeweglich sitzen geblieben. Es war ein unheimlich schönes Tier mit übergroßen eindrucksvollen Augen.
Hinter dem Gebirge liegt das Kaspische Meer. Auf der anderen Seite liegt Baku, das schon zur Sowjetunion gehört. Ein paar alte Fischerdörfer haben sie da noch stehenlassen, viele Pfahlbauten aus Holz, die mit Schnitzereien verziert sind. Wie an den alten Häusern in der Türkei und – in der Schweiz –, ich war mal im

Wallis, dort habe ich welche gesehen. Und diese Schnitzereien, die habe ich in Swat Valley gesehen oder in Kaschmir. Wie gesagt, am Kaspischen Meer haben sie noch ein paar von den alten Fischerdörfern stehenlassen, und dazwischen haben neureiche Teheraner sich im westlichen Stil kleine Bungalows hingebaut, das Ufer ist stellenweise richtig verschandelt mit diesen Dingern. Die Reichen fahren im Sommer alle ans Kaspische Meer, da ist es angenehmer. Teheran liegt in einer Senke: dort ist es bullenheiß und staubig.

Wir kamen durch schlangenverseuchte Sumpfgebiete. Wenn du da reinläufst in die Sümpfe, da krabbelt es nur noch. Als nächstes kam Gorgan, ein Nest, vollkommen abseits gelegen, aber der ganze Stadtkern war modernisiert, Jeansboutiquen, Plattenboutiquen, genauso wie hier. Hinter Gorgan war wieder Wüste, nur Schotter und Schnee. Wir quälten uns über die Pisten. Bis Meschhed und auch noch dahinter erstreckt sich die Wüste. In Afghanistan geht es dann richtig los. Da gibt es auch Salzwüsten. Wenn du aus Teheran rausfährst nach Meschhed und nicht über das Kaspische Meer, dann kommst du ebenfalls durch Salzwüsten. Dort sind die Amis abgestürzt mit ihren Hubschraubern, als Carter die Geiseln in Teheran befreien wollte.

In Yaclz leben die letzten Parsen Persiens, dort stehen noch »Türme des Schweigens«. Die Parsen, die Religion wurde von Zarathustra gegründet und war die Urreligion der Perser. Heute wird in Afghanistan behauptet, Zarathustra sei eigentlich Afghane gewesen. Den Parsen sind alle vier Elemente heilig. Darum dürfen die Toten weder verbrannt noch ins Wasser gewor fen noch in die Erde eingegraben werden. Der Körper darf die Elemente nicht verunreinigen. Aus diesem Grund haben sie Türme erbaut, breite, nicht besonders hohe Türme. Sie sind innen hohl und oben liegen Eisengitter drauf. Auf diese Gitter legen die Parsen ihre Leichen, die Beine und die Arme gestreckt und schlagen mit Eisenstangen die Knochen kaputt. Später kommen Geier und Raben und fressen das Fleisch ab, bis die Knochen nach unten durchfallen. Ab und zu hacken die Vögel ein Stück ab, fliegen damit los und verlieren es irgendwo. Solche Türme stehen noch in Bombay und in Indien. Das sind die einzigen »Türme des Schweigens« auf der Welt, denn es gibt in Iran nur noch etwa 10 000 Parsen. Sie sind ausgewandert, als Persien islamisiert wurde. Die Mohammedaner sagen, das sind Feueranbeter, weil sie das Feuer für heilig halten. Für die Parsen ist die Welt und das Leben ein einziger Kampf zwischen Licht und Finsternis. Angra Manju ist der böse Geist, der Finsterling. Ahura Masda ist der gute Gott, der Gott des Lichts. Sie bekämpfen sich, und am Ende wird das Licht siegen. Die Parsen lassen keine Fremden in ihre Tempel, auch nicht an die »Türme des Schweigens«. Es ist schwierig, darüber etwas zu erfahren. Diese krasse Aufteilung in Gut und Böse, das dualistische Denken prägt ja auch Teile der christlichen Theologie.

In Bombay hat sich die wohl größte Gemeinde der Parsen gehalten, darunter viele Reiche. Gandhis Vater war ebenfalls Parse. In Persien gab es noch die Baha'i. Der Iran ist gar nicht so hundertprozentig schiitisch. In Meschhed lebten viele Baha'i. Unter Khomeini werden diese armen »Ungläubigen« verfolgt. Die Parsen haben sich noch nie da eingemischt, was auch immer gerade passiert. Die grumpeln da vor sich hin, und aus. Die haben auch da, wo man das meiste persische Erdöl gefunden hat, die heiligen Feuer gehütet. Da ist früher schon das Erdöl ausgesickert, und da hüteten und verehrten sie ewige Flammen.

Ich bin doch nicht dein Staatsanwalt

In Meschhed, der heiligen Stadt, mußten wir uns in der afghanischen Botschaft ein Visum holen. Anfangs war die »Botschaft« nur ein kleines Lehmhäuschen, später dann ein modernes Ding, das aussah wie eine Bahnhofshalle. Du hast drei Papierchen gekriegt, drei Stück an der Zahl, da war deine Fotografie drangeheftet. Wenn du an der Grenze angekommen bist, hat der Zöllner die Dinger einfach nur genommen, zerknüllt und in die Wüste geworfen. Dafür hast du alles ausgefüllt. Ich bin jedesmal fast zusammengebrochen. Die Iraner hatten zunächst hinter Meschhed auch nur ein kleines Holzhäuschen in der Wüste stehen, später ein Gebäude wie ein Busterminal in Europa. Innen drin war eine Art Ausstellungsraum, in dem man Rauschgiftverstecke besichtigen konnte: Batterien, Holzplatten von Campingtischen oder Schuhe, kurz, alles, was ein Mensch sich nur vorstellen kann. Dazu gab es Fotos von dem Fund, alles war fein säuberlich dokumentiert, wie derjenige hieß, an welchem Tag er festgenommen wurde usw. Alles hinter Glasvitrinen. Als wir uns das anguckten, kamen schon diese SAVAK-Bullen und sagten: »Ja, wir fangen jeden. Wenn du auch was dabei hast...« Ganz grob, diese Grenzabfer-

tigung. Wir trafen Hinz und Kunz, und Leute, die aus Afghanistan zurückkamen, haben sie natürlich stärker durchsucht als uns, die wir nach Afghanistan reingefahren sind. Wenn einer aus Afghanistan rausgefahren ist, war die Chance, daß er was dabei hat, natürlich größer. Mit meinem falschen Paß habe ich nie Trouble gehabt. Ich war nicht der einzige Gesuchte, der auf der Straße unterwegs war. Ich habe viele getroffen, die das auch sofort zugegeben haben: vor der Bundeswehr abgehauen, nicht dem Rufe des Vaterlandes gefolgt, sondern dem Asiens. Viele, die wegen Rauschgiftdelikten in Deutschland gesucht wurden.
Dann habe ich einmal in Kandahar mit einem Deutschen im selben Zimmer geschlafen, denn in manchen Hotels kriegst du nachts nichts anderes. Der erzählte, wie er seine Frau und seine Schwiegermutter mit einem Beil erschlagen hatte. Na, Servus. Ich habe die ganze Zeit überlegt, schläfst du jetzt ein oder nicht? Was ist, wenn der jetzt durchdreht? Er fing immer wieder an, er sei unschuldig und habe es gar nicht gewollt. Ich sagte: »Mein Guter, ich bin doch nicht dein Staatsanwalt, was interessiert mich das denn? Von mir aus, du bist unschuldig, ich habe dich jetzt hier freigesprochen.«
Ich habe, wo verfügbar, immer englischsprachige Zeitungen gelesen, weil mich die tagespolitischen Ereignisse in den einzelnen Ländern, in denen ich mich gerade aufhielt, interessierten. Du bekommst auch Veränderungen mit, in Iran oder Afghanistan da hast du gemerkt, wie sich auch der Alltag fundamental änderte.
In Afghanistan hat es die meisten von uns erst mal erwischt: Durchfall, weil sich der Körper auf das ver-

schmutzte Wasser und die andere Nahrung erst einmal umstellen muß.
Ich habe nachher Wasser aus jedem Brunnen getrunken. Viele Amis dagegen waren mit Pillen unterwegs, da wurdest du wahnsinnig. Für das Wasser eine Pille, und dafür eine Tablette und hierfür eine Pille. Schon das Frühstück bestand aus einem bunten Teller mit allen möglichen Vitaminen.
Die Engländer kamen am besten zurecht. Sie haben auch am schnellsten die Sprachen gelernt. Riesentrupps von Hippies waren wieder unterwegs. Zunächst stießen sie auf Ablehnung, beispielsweise wegen der unverschleierten Frauen. Die Reaktion war halt unterschiedlich. Wenn du mit ihnen klargekommen bist, waren sie ganz schwer in Ordnung, und du hast alles gekriegt, aber so richtig gefreut haben sie sich über die Invasion wohl kaum. Sie war ihnen suspekt. Die Inder, die haben sich oft über den offenen Drogenkonsum geärgert, weil die das selbst nicht so machen. Die Afghanen, gut, die haben überall gesessen und Wasserpfeifen geraucht. Sie konnten sich kaum darüber aufregen, im Gegenteil, sie haben dich unentwegt eingeladen. In Herat konntest du von Laden zu Laden gehen, da roch es überall nach einer Wasserpfeife. Da konntest du den ganzen Tag ziehen. Viele Mullahs haben allerdings lautstark dagegen protestiert. Vor allem waren die Afghanis Ausländer ja nicht gewohnt. Das Land war immer von fremden Einflüssen abgeschnitten, es gab ja nicht mal eine Eisenbahn. Aman Ullah hat versucht, die Eisenbahn einzuführen. In den zwanziger Jahren hat er sich in Berlin aufgehalten, er war ziemlich deutschfreundlich und ein gläubiger Anhänger des Fortschritts. Seine Frau

lief unverschleiert herum, da sind die schon völlig ausgeflippt. Aman Ullah hatte schon einen Eisenbahnzug bestellt, und für den haben die Mullahs eine Art Museum gebaut und haben diesen Zug reingestellt, damit die Leute sehen können, wohin des Teufels Werkzeug führt. Es ist der erste und einzige Fall, in dem Fortschritt als Rückschritt angepriesen wird. Bei Pagwan steht Aman Ullahs Palast, und dort stand dieser Eisenbahnwagen, außerhalb von Kabul, zum Panguirtal hin. Seit Jahren toben dort die schwersten Kämpfe. Das Mahnmal gegen den Fortschritt in Form dieses Zuges wird sie vielleicht nicht überleben.
1975 sind nur wenige Hippies über die Dörfer gezogen. Es gab ja auch kaum Straßen. Mit dem Auto konntest du das nicht machen. Du mußtest Pferde mieten, dir eine Winchester kaufen und dann einfach in die Wüste reiten wie Kara Ben Nemsi. Du konntest eine Winchester einfach kaufen, im Laden. Ohne Waffenschein, ohne alles, hat die nicht interessiert, damals unter dem König. Ein Pferd hat mit Sattel und allem vielleicht 40 bis 50 Dollar gekostet. Viele haben das gemacht, auch ein Kumpel von mir. Der ist zwei, drei Wochen durch die Wüste geritten, bis er keine Vorräte mehr hatte. Wir sind mit dem Auto weitergefahren, wieder die übliche Route durch Afghanistan. Aber je öfter du durch diese Länder fährst, desto mehr kriegst du von der Sprache und von den Gewohnheiten mit. Du trägst deren Klamotten: diese praktischen weiten Hosen. Da wirbelt immer Luft durch, und du kommst nie ins Schwitzen. Diese Baumwollstoffe gibt es in verschiedenen Stärken, ganz dünn oder ganz dick, und alle unifarben, schwarz, weiß, orange oder pastell

oder grün, taubenblau, sandfarben, jede Farbe. Daraus kannst du dir ein Ding machen lassen, kostet bloß ein paar Mark. Du brauchst für einen ganzen Anzug etwa siebeneinhalb Meter, für die Hose allein schon fünf Meter.

Mit dem Sufi unterwegs

Einmal bin ich in Herat mit einem islamischen Sufi einen Monat lang durch die Stadt gezogen. Jede Nacht schliefen wir woanders. Der Alte hat ein bißchen Haschisch an Touristen verkauft, und ich hatte auch noch ein wenig Geld. Meistens haben die Leute uns was gegeben oder haben uns in ihrem Hühnerstall übernachten lassen. Ich lernte die ganze Stadt Herat kennen: Hinterhöfe und verwinkelte Gassen, überdachte Basare. Der hat mir seinen Turban aufgesetzt, das untere Ende vors Gesicht gebunden und den Leuten gesagt, das ist mein Schüler, der hat ein Gelöbnis abgelegt, daß er nicht mehr spricht. So habe ich viele Familien kennengelernt, ich habe zwar nicht viel verstanden, aber ich war immer dabei. Ich hab das Tuch abgemacht und mir einen Bart wachsen lassen. Sie dachten wirklich, ich gehöre dazu, ich habe mich ja auch nicht anders verhalten als sie.
In so einer Verkleidung bin ich auch später über die Pässe gegangen. Das ist die einzige Form, in der du dich bewegen kannst, ob du Journalist bist oder Abenteurer oder von der Polizei gesucht wirst.
Der Sufi hat mich mitgenommen, weil wir uns auf Anhieb sympathisch waren. Der hat nur mal gefragt,

wollen wir in einen Basar gehen, oder wollen wir eine Pfeife rauchen, oder wollen wir hier sitzen bleiben. Die Sätze kannte ich, ich wußte ganz genau, was der meint. Er hatte schon eine Glatze und einen grauen Bart, er war also schon alt. Abends hat er gern dagesessen und auf seiner Flöte gespielt.

Einmal habe ich mit ihm in Herat einen tollen Sonnenuntergang erlebt, vor dem Tor eines alten Schlosses, das die Griechen gebaut haben und das von Dschingis-Khan verwüstet wurde. Auf der einen Seite der Stadt stand riesig der Mond, und auf der anderen ging die Sonne unter. Das war wie im Märchen. Überhaupt war das die schönste Zeit in meinem Leben. Wir haben uns den ganzen Tag herumgetrieben, und es war immer angenehm.

Viele Leute haben uns durchgefüttert. Da ist der Islam sehr sozial: Was du nicht direkt für dich und deine Familie brauchst, das sollst du den Armen geben. Du sollst das Geld nicht horten. Was übrig ist sollst du an die Bedürftigen verteilen.

Einmal bin ich mit ihm zum Tachte Mohammed, einem Berg außerhalb von Herat, wo einer von diesen Scheichs begraben ist, der ein Anhänger der Illuminatensekte war und ein berühmter persischer Poet. Da pilgern sie alle hin. Unterhalb des Berges liegen Gärten, die von den Griechen angelegt wurden. Danach kommt ein Stückchen Wüste, und da steht dieser Hügel, wo das Grab ist: Ein gemauerter Steinsarg in den bunten Farben des Islam. Daneben sitzt ein Eremit. Manchmal kommen dort Karawanen an und bringen Geschenke mit. Einmal, als ich dort war, war da ein Stimmenimitator dabei, der konnte wirklich alle Tierstimmen nachmachen. Ich habe die Augen zugemacht und gedacht, das betreffende Tier steht neben mir. Sogar einen Sitar konnte der nachmachen. Die Leute von der Karawane haben mich gefragt: »Wohin willst du eigentlich, wenn der Sufi weiterzieht? Willst du etwa nach Teheran?« – »Nee«, hab ich geantwortet. Er wollte weiter nach Jalalabad, Richtung Kabul. Da sagen sie: »Das ist auch besser so, daß du nicht nach Teheran gehst.« Sie haben die Unruhen wohl vorausgeahnt.

Einmal kamen nachmittags Nomaden an, die waren im ganzen Gesicht tätowiert, Blumenranken wie in der Südsee, rasierte Schädel und darauf die Tätowierung. Die haben gefragt, ob sie mit uns ein Würfelspiel spielen können. Dazu dienen drei Wirbelknochen vom Schaf, zwei sind weiß und einer ist mit Henna rot eingefärbt. Die nimmst du in die Hand und schüttelst sie und schmeißt sie, und je nachdem, wie sie zueinander stehen, ob das eingefärbte Stück hochkant steht oder ob es liegt und wie die weißen stehen, gewinnst du oder verlierst du. Das muß ein uraltes Spiel sein.

Wir waren total pleite, hatten nicht einmal mehr was zu essen. Wir sind also in den Basar gegangen und haben gebettelt, da haben sie uns ein Huhn gegeben, Weintrauben, Brot, Tee. Wenn du so lebst, machst du dir über nichts mehr Gedanken. Wenn die alten Männer merken, daß sie bald sterben, pilgern sie zu diesen Heiligtümern und Gräbern. Die Kinder spielen dort rum, und die Alten sitzen da und warten auf den Tod. Eines Morgens komm ich verpennt aus meiner Höhle, und da sitzt da so ein Alter. Ich hab noch eine Schachtel Zigaretten und halte sie ihm hin, und da guckt der mich an und fängt plötzlich an zu lachen. Ein Mensch, der auf den Tod wartet und noch so spontan in Lachen ausbrechen kann, den findest du hier in Europa nicht.

Der Eremit in der Höhle hat die Ankömmlinge je nach »Vorratslage« bewirtet, Tee gekocht. In der Höhle war so ein Bettgestell, eine Apfelsinenkiste, eine Teekanne und ein paar flache, buntbemalte Schalen und ein Käfig mit zwei weißen Tauben darin. Mehr hat der nicht gehabt, und mehr wollte er auch gar nicht. Weder Geld noch Zigaretten.

Wir sind dann weiter nach Jalalabad gezogen, dort ist es auch im Winter noch warm und im Sommer nicht zu heiß. Die Landschaft ist grün, und es gibt viele Seen. Im Basar sind nur Sikhs. Die sind nach der Teilung Indiens aus Pakistan raus nach Afghanistan geflohen, weil die afghanischen Moslems ihnen nichts getan haben.

Der Khyberpaß

Hinter Jalalabad liegt der Khyberpaß, wo die Grenze zwischen Afghanistan und Pakistan verläuft: ein Niemandsland. Die Gegend ist von wilden Schluchten durchzogen. In diesen Schluchten haben sie 1841/42 fast die britische Armee geschlagen. Dahinter erstreckt sich eine Hochebene mit Gestein in allen möglichen Farben, schwarzer Basalt, roter Granit und viele andere Gesteinsarten. Dort liegt auch ein See und an dem See eine verlassene Stadt. Drum herum ist alles aus weißem Kalkstein, und die Felsen dahinter sind rot. Dahinter erheben sich links und rechts Schneeberge,

dazwischen liegt Wüste. Und schließlich der Paß selbst: überall spitze Nadelfelsen, zu deren Füßen Forts liegen. Die afghanische Grenzstation zu Pakistan heißt Tor Kham. Dort sind pakistanische Militärs, Polizei- und Zollbeamte stationiert.
Hinter der Grenze beginnt der eigentliche Khyberpaß. Dort herrschen die Pathanen, die in -zig Stämme unterteilt sind. Daher der Name »Tribal Area«. Die »Tribal Area« erstreckt sich von der russisch-chinesischen Grenze bis zum Kaspischen Meer. Ein riesiges unwegsames und damit unbeherrschbares Gebiet. Der Khyberpaß selbst ist nur etwa 60 Kilometer lang.
Die Afridi leben direkt am Paß und sind wohl der kriegerischste Stamm von allen. Jeder ist bewaffnet, jeder hat eine Knarre dabei. Die meisten tragen einen Patronengurt von der Schulter bis über die Hüfte, und unten hängt dann die Pistolentasche. Fast alle sind verrückt nach alten deutschen »Mauser«-Pistolen, den C 96, weil das sehr präzise Waffen sind. Die »Mauser« war die erste Pistole, die auch gleichzeitig als Maschinenpistole funktionierte. Man kann sie auf Einzelfeuer und Dauerfeuer stellen. Sie hat über 25 Schuß. Damit können sie ordentlich losschießen.
An seiner höchsten Stelle ist der Khyberpaß fast 3000 Meter hoch. Er ist zwischendurch immer wieder von tiefen Talschluchten durchbrochen. Bei Ali Masjid, an seinem Anfang, stehen überall Bunkeranlagen und Panzersperren. Die Engländer haben nämlich im Zweiten Weltkrieg befürchtet, daß die deutsche Armee, die schon am Kaspischen Meer stand, durch die Wüste und über den Khyberpaß nach Britisch-Indien durchbricht. Rein militärtaktisch wäre das möglich gewesen. Dabei hatten die Deutschen sogar einen Ver-

bündeten am Khyberpaß: den Fakir von Ipi. Das war ein Mullah, der fanatisch gegen die Engländer war und sich deshalb mit den Deutschen verbündet hatte. Diese Connection stammte von der Familie Haushofer, Karl und Albrecht Haushofer. Albrecht Haushofer war der, der Rudolf Heß geraten hat, nach England zu fliegen, und sogar das Horoskop für ihn gemacht hat. Karl Haushofer hat die Theorie von der Geopolitik entwickelt. Über den Alten gehen ganz strenge Gerüchte rum. Er war Mitglied der Thule-Gesellschaft. Der kannte sich in Asien aus. Er war auch mal in Tibet gewesen und hat den Ersten Weltkrieg in der Türkei mitgemacht.

Auch der damalige König von Afghanistan war ziemlich deutschfreundlich. Die Deutschen, die aus Britisch-Indien getürmt sind, als der Weltkrieg angefangen hat, sind in Pakistan interniert worden. Einige sind aus den Lagern ausgebrochen, über den Khyberpaß nach Afghanistan geflüchtet, und von dort sind sie nach Deutschland geschleust worden, oder zumindest an die deutsche Front nach Rußland. Andere sind von den Afghanis zumindest bis in die Türkei gebracht worden.

Darüber gibt es einige Reiseberichte. Einer erzählt von einem Fakir in Wazinistan, dessen die Engländer auch per Flugzeug nicht mehr habhaft werden konnten, weil er in einem Höhlengebiet versteckt war. Der Deutsche, der bei diesem Fakir war und das in seinem Bericht schildert, war auch aus Pakistan getürmt, hat in diesen Höhlen gelebt. Den haben sie anschließend ebenfalls rübergeschleust.

Und einmal hat die SS zwei Agenten hingeschickt, die mit den Pathanen zwecks Waffenbeschaffung und

Geld Kontakt aufnehmen sollten. Sie haben sich als Botaniker mit Schmetterlingsnetzen getarnt – in der Wüste! Die Engländer haben sie gleich an Ort und Stelle erschossen. Denen haben sie nicht mal mehr den Prozeß gemacht.

Keine Polizei, keine Gefängnisse

Die Zollkontrollen auf dem Paß sind schon sehr merkwürdig, weil sie nur abstempeln, keiner sieht hin, du brauchst nicht mal danebenzustehen. Neben den Zöllnern stehen schon die Leute, die alle möglichen Drogen der Welt feilbieten.
Etwa in der Mitte des Passes liegt eine Stadt. Da sitzen welche mitten auf der Straße mit einem Blechkasten, wechseln Geld oder verkaufen Drogen, Waffen, Pornos, alles, was illegal ist.
Der Paß ist manchmal unheimlich schmal und dann wieder sehr breit. Das schlängelt und windet sich und geht hoch und runter und ist eng wie eine schmale Felsenschlucht oder breit wie eine richtige Hochebene mit Dörfern. Dort liegt sogar eine Stadt, Landi Kotal. Da bekommt man nun endgültig alles, vom Video bis zum Mercedes, Kühlschrank, Waffen aller Art. Die werden ganz offen auf der Straße gehandelt. Das interessiert niemanden.
Es gibt nämlich keine Polizei, es gibt keine Gefängnisse, es gibt kein Gesetzbuch. Die haben zwar ihre eigenen Gesetze, Paschtunwali heißt der Gesetzeskodex, der aber nicht schriftlich festgehalten ist. Und sie haben den Koran. Ihr Gesetz ist die Blutrache, das appel-

liert an die Vernunft jedes einzelnen, nicht wegen jedem Scheiß eine Schießerei anzufangen. Denn jeder hat eine Waffe dabei, das zöge dann ewige Blutfehden nach sich. In meinen Augen ist das besser als bürgerliche Gesetzbücher, weil hier tatsächlich noch an die Eigenverantwortlichkeit der Menschen appelliert wird. Jeder ist das Gesetz selbst, denn jeder verkörpert mit seiner Waffe das Gesetz, zumindest verteidigt er seine Ehre. Die Ehre ist für sie das Wichtigste überhaupt. Die äußert sich in der Gastfreundschaft genauso wie im Umgang der Familien untereinander. Die Großmutter des Clans bestimmt den Mann, der die Blutrache ausführt. Wenn er sich weigert, wird er ausgestoßen. Obwohl alle sagen, die Frauen dort sind unterdrückt, haben sie dadurch ein unheimliches Druckmittel in der Hand. Wenn eine Blutfehde in einem Clan tobt, schwärzen sie sich die Gesichter und stellen das Gewehr vor die Tür, dann muß derjenige gehen. Dann hat er auf dem Hof nichts mehr zu suchen, weil er die Ehre des Clans und der Familie befleckt hat. Wenn die Frauen es schaffen, alle Kerle vom Hof zu kriegen, gehört er ihnen. Und wenn du ihnen Waffen klaust oder ihre Wachhunde erschießt, wird sofort zurückgeschossen oder eben Blutgeld gezahlt. Das ist alles festgelegt. Wenn sich beide Parteien überhaupt nicht einigen können, gehen sie elf Schritte auseinander, und dann wird das Feuer eröffnet. Meistens entstehen die Streitereien wegen ungeklärter Besitzverhältnisse (etwa wegen Bewässerungskanälen), wegen Frauen oder wegen Aufteilung der Beute aus irgendwelchen Raubzügen. Heute hat die Räuberei abgenommen, aber es gibt sie immer noch.

Wenn du irgendwo in der Welt per Steckbrief gesucht

wirst und den mitbringst, kannst du sogar Asyl verlangen. Dann tritt der Ältestenrat zusammen und entscheidet. Es gibt drei Möglichkeiten: Sie sagen ja, wunderbar, kannst hier in der Gegend machen, was du willst, aber wenn du irgend jemandem auf die Füße trittst, gibt es Ärger. Oder sie sagen nein, dich schicken wir wieder zurück, interessiert uns nicht, der Fall. Oder sie sagen, der Mann ist schon zu gefährlich für Gott und die Welt, den bringen wir am besten gleich selber um.

Ich habe kein Asyl verlangt. Ich kannte Leute, die mir Gastrecht gewährten, also konnte ich sowieso dort wohnen. In der Tribal Area bist du ziemlich sicher vor dem BKA. Da kommen sie nicht mehr hin. Auch wenn sie gewußt hätten, daß ich dort war, sie wären nie hingekommen, auch mit ihren GSG-9-Einheiten nicht. Die Schießerei können sie sich gar nicht erlauben.

Die meisten Häuser, die abseits der Dörfer liegen, haben keine Fenster, sondern nur Schießscharten. Sie sind wie mittelalterliche Burgen gebaut: Von den rechteckigen hohen Türmen aus beobachten sie die ganze Landschaft. Von dort können sie sehen, ob sich jemand dem Dorf oder Gehöft nähert, und natürlich auch prima runterschießen.

Wenn man mal von der Unterdrückung der Frau absieht, herrscht auf dem Khyberpaß und in der Tribal Area Anarchie reinsten Wassers. Eine sehr freie Gesellschaft: kein Staat, keine Gefängnisse, keine Polizei, gar nichts. Wenn was entschieden wird, kommt der ganze Stamm zusammen und berät sich, und jeder redet. Bei den Nirga, den Zusammenkünften, haben die Alten, die Graubärte oder Silberbärte, wie sie auch

genannt werden, das Sagen. Deren Stimme hat mehr Gewicht. Wenn ein junger Heißsporn zu heftig wird, rufen die den schon zur Ruhe. Im Prinzip aber wird eine Entscheidung von allen getroffen. Wenn sie sich nicht einig sind, bleibt sie eben offen. Es kann passieren, daß über irgendeine Angelegenheit wochenlang debattiert wird. Die einzigen, die einen größeren Einfluß haben, sind bestimmte Mullahs, aber die müssen schon halbe Heilige sein und nicht bloß Popen.
Die Engländer haben es in 200 Jahren Kolonialherrschaft nicht geschafft, die Stämme dieser Region zur Ruhe zu kriegen. In manche Gegenden sind sie nie vorgedrungen. In den Afridi-Hochburgen waren in der gesamten Kolonialzeit gerade eine Handvoll Engländer. Die haben berichtet: Hier kommt man entweder mit einem Schwert in der Hand rein oder als Gefangener. In die Afridi-Gebiete kommt man auch heute nur sehr schwer rein. Die Afridis sind ziemlich abweisend. Sie sagen guten Tag und bleiben ruhig und höflich, aber gastfreundlich sind sie nicht gerade. Andere Stämme sind freundlicher. Man kann die Utmankhelen, Mohmand Wazim, und wie sie alle heißen, an ihrer Kleidung unterscheiden. Jeder hat eine andere Form von Kopfbedeckung.
Die Afridis haben so eine Art Strohhütchen ohne Krempe auf, um das sie ein Tuch zum Turban binden, dessen Ende sie so durchstecken, daß es wie eine riesige gefächerte Schleife aussieht. Sie sind ziemlich groß und fast alle blond und blauäugig. Sie ordnen sich zwar als Arier ein, nennen sich aber gleichzeitig den 13. Stamm Israels und tragen auch oft biblische Namen: Ismail, Adam, Jakob. Das gibt es sonst nirgends auf der Welt, daß einer behauptet, er sei Arier

und Jude gleichzeitig. Sie halten das Gebiet um den Ararat, vom Schwarzen Meer, her.
Jeder Stamm hat sein Heiligtum: das Grab irgendeines Heiligen, das als religiöser Treffpunkt dient. Böse Zungen behaupten, die Afridi hätten nie einen richtigen Heiligen gehabt, und als mal eines Tages ein frommer Mekka-Pilger vorbeikam, hätten sie ihn einfach umgebracht, um ihm ein Grab bauen zu können.
Der eigentliche Paß selber ist kaum besiedelt. Dort leben höchstens einige tausend Menschen. In den Tälern links und rechts des Passes leben dagegen viele Leute. Südlich vom Paß, in Tara, sind die Afridi-Stammgebiete. So ein Stamm hat ungefähr eine halbe Million Menschen. Insgesamt leben in der Tribal Area vielleicht fünf Millionen.
Viele fromme Männer haben sich die Bärte mit Henna rot gefärbt, ein Zeichen, daß sie schon mal in Mekka waren, Hadschi sind, Pilger. Denn nur die dürfen sich die Bärte rot färben. Und alle benutzen sie Kajal für die Augen, damit der feine Wüstensand nicht die Augenlider entzündet, weil die Augen ja immer tränen. So wird der Sand rausgewaschen. Schon Kleinkinder und Säuglinge haben Kajal in den Augen. Die Kinder sehen ganz irre aus. Ihre Fingernägel sind mit Henna gefärbt, egal ob Junge oder Mädchen. Sie tragen Mützen, die über die Ohren gehen und spitz verlaufen, fast wie kleine Zauberhüte, auf die die Mütter alles nähen, was sie an Glitzer und Glitter finden. Da siehst du immer die kleinen runden Gesichter mit den geschminkten Augen und den roten Fingern. Sie geben den Kindern viele Granatäpfel zu essen, dadurch haben die ganz rote Lippen. Also die sehen wirklich richtig phantastisch aus, diese geschminkten Kinder.

Die Leute gehen auch sehr liebevoll mit ihren Kindern um. Ich habe mal in einem kleinen Ford-Bus gesessen, da waren Bauern mit einem Kind, jeder hat es auf der Fahrt eine Weile gehalten. Irgendwann bin ich drangekommen. Sie haben mir einfach das Baby in die Hand gedrückt. Zwei Stunden saß ich da mit dem Baby auf dem Arm, bis ein alter Mann neben mir es mir abgenommen hat. Das würde hier nie ein Mensch machen, sein Kind einem Fremden anvertrauen. Aber in islamischen Ländern und auch bei den Hindukasten in Indien ist das so üblich: Alles, was zur Familie gehört, auch die allerentfernteste Verwandschaft, wird durchgefüttert. Darum sind Stammbäume für die Leute so wichtig, damit sie in den ganzen Familienlinien Bescheid wissen. Die kennt jeder, das lernen sie alle durchs Erzählen. Sie schreiben ja nichts auf.

Ein magisches Stück Straße

Da oben sieht es endgültig wie eine Mondlandschaft aus: nur noch schwarze Krater links und rechts. Wenn du von den hohen Paßstellen runterguckst nach Wazinistan, ist dort bloß nackter Fels, soweit das Auge reicht. Schwarze Krater und Basalt. Auf jedem Stück freier Erde sind Mohnblumen angebaut. Damit haben sie aber erst in den siebziger Jahren begonnen. Vorher wurde Getreide angebaut, an den wenigen Stellen, wo das möglich ist, und Viehzucht betrieben. Es ist ein ziemlich karges und hartes Leben. Deshalb leben hier wohl auch die härtesten Krieger, die die Welt kennt. Sie mußten nie Fremdherrschaft erdulden. Sie haben

gegen Alexander den Großen gekämpft, gegen Dschingis-Khan und gegen die Moguln, gegen die Engländer und jetzt gegen die Russen. Sie kämpfen grundsätzlich. Es gibt nirgends einen Flecken, wo die Leute so auf Unabhängigkeit bedacht sind, wie hier. Sie lassen keinen in ihre Täler. Da schießen sie, was das Zeug hält. Bis zum letzten Mann treten sie an.
Der erste griechische Regierungschef nach Alexander dem Großen, also nach 2300 Jahren, der den Khyberpaß besucht hat, war Karamanlis. Ich war am selben Tag da. Der ganze Paß war geschmückt mit griechischen Fahnen.
Es ist einfach eine magische Straße. Kein Mensch kann erklären, warum. Aber alle sagen es. Wenn du einmal dagewesen bist, willst du immer wieder zurück. Eine echte Magie hat diese Ecke. Der Khyberpaß ist wie eine Nabelschnur zwischen Asien und dem Rest des Kontinents. Es gibt zwar noch drei andere Pässe, den Golan, den Kohat und einen in Belutschistan, aber davor sind unwegsame Wüsten. Da kommt selten mal einer über die Pässe. Der Khyber ist einfach der zugänglichste, weil man von den Kabultälern direkt hinkommt. Das war schon immer so. Schon die Invasionen der Arier nach Indien führten über den Khyber. Seit Jahrtausenden strömen da Leute rüber, hin und zurück. Da ist ewig was los. Jetzt sorgen die Russen dafür. Anscheinend nimmt das nie ein Ende. Solange man denken kann, ist da Trubel. Nachdem die Engländer fort waren, herrschte etwa dreißig Jahre Ruhe. Nur ein paar Hippies haben sich da herumgetrieben und ein bißchen Dope gekauft. Die Alten fingen schon an, über die Jungen zu schimpfen, sie würden verweichlichen und so. Dann kamen die Russen.

Ich habe schon mal eine ganze Woche auf dem Paß verbracht und bin jeden Tag zwischen Pakistan und Afghanistan hin und her gefahren. Dabei habe ich die wahnsinnigsten Sachen erlebt. Einmal haben sie sich mitten auf dem Damm niedergemacht, aufeinander geschossen wie verrückt. Einem von ihnen hat ein Querschläger den halben Schädel abgerissen, da konntest du das Gehirn sehen. Er lag direkt vor unserem Auto. Ein paar sind weggerannt und die andern schießend hinterher. Irgendeine Blutrache.
Auf dem Paß gibt es mehrere kleine Friedhöfe, auf den Gräbern wehen immer Fahnen. Deren Farben signalisieren, wie der Betreffende gestorben ist und was das für einer war. Rote Fahnen sind für die, die umgebracht worden sind. Jeder Friedhof ist ein Meer von roten Fahnen, wie in Moskau auf dem Roten Platz am 1. Mai. Ein paar schwarze, ein paar grüne und ein paar weiße, der Rest rote Fahnen.
In der Mitte der Paßstrecke steht eine imposante Festung. An ihr haben die Afghanen schon gebaut, die Sikhs, die Engländer auch. Das Fort heißt Ali Masjid, und wer es hält, hält auch den Paß. An der Straße steht Regimentstafel neben Regimentstafel, weil dort fast 20 englische Regimenter verblutet sind. Die Pathanen haben den Paß gehalten. Sie hatten zwar mit den Engländern einen Vertrag, sie sollten den Paß gegen Bezahlung offenhalten, aber immer hat das auch nicht geholfen. Wenn ein Mullah meinte, wir führen jetzt Krieg, ging die Schießerei von vorn los.
An der tiefsten Stelle des Passes steht eine kleine grüne Moschee. Da kommt ein kleiner Fluß vorbei, Weiden wachsen dort und Gras. Sieht richtig toll aus. Dort soll Mohammeds Schwiegersohn Ali gebetet ha-

ben, der erste Imam der Schiiten. Darum heißt das Ali Masjid. Dort sitzen die Hardliner-Mullahs. Wenn die ein Auto sehen, flippen sie aus im Angesicht von solchem Teufelszeug. Der Bus aus Peshawar hält dort immer, weil die Frommen aussteigen wollen, um zu beten. Einmal saß ich mit meiner Freundin im Bus, und der Mullah kommt aus der Moschee, nimmt ein Gefäß, läßt Wasser reinlaufen und reicht es ausgerechnet mir. Im Bus fingen alle an zu tuscheln. Sonst ist das ja ein sehr schweigsamer Menschenschlag. Die haben nicht verstanden, daß so ein Fanatiker einem Weißen Wasser reicht. Das war eine hohe Auszeichnung. Danach wurden die Leute richtig freundlich, auch der Busfahrer. Sie haben sich nachher alle verabschiedet. Ich weiß bis heute nicht, wie ich zu dieser Ehre gekommen bin. Der hat nichts gesagt, uns einfach nur das Wasser gereicht, uns ungläubigen Weißen, einer Frau sogar.

Der Khyberpaß war nie sicher. Er ist es bis heute nicht. Nachts kann man sowieso nicht rüberfahren, da sperren beide, Pakistani wie Afghanis, die Grenzen. Ab sechs Uhr abends kommst du auf den Paß nicht mehr rauf. Wenn es Abend wird, ist es eine Überlegung wert, ob man noch durch will. Weil alle, die in Afghanistan oder Pakistan von der Polizei gesucht werden, »sich vom Paß ernähren«. Was sollen sie auch machen? Die rauben Leute aus auf gut deutsch.

Einmal sind wir gerade noch so weggekommen. Da ist uns an der afghanischen Grenze unten der Kühler übergekocht, das Ding sprang nicht mehr an. Wir haben uns von einem Pathanen hochschleppen lassen bis Landi Kotal. Dort gab es einen Mechaniker. Alle zehn Minuten fährt ein Bus ab Richtung Peshawar

oder kommt an, ein Riesenverkehr. Der Mechaniker hat uns neue Kerzen reingeschraubt. Inzwischen war es schon Abend. Auf einmal sagt er: »Steigt jetzt ganz schnell ein und fahrt einfach los, und wenn einer dasteht, fahrt ihn einfach um, fahrt jetzt.« Da standen sie schon alle auf den Felsen, die Knarren in der Hand, und haben uns angeguckt. Sie haben schon richtig gezählt, aha, er hat Stiefel an, wunderbar, bringt soundsoviel, die Jeans bringen soundsoviel. Wie im Western, wenn die Apachen auf dem Felsen stehen. Wir springen in das Auto rein und los. Das war knapp. Der Mechaniker hätte uns auch nicht mehr helfen können, es gab keine Waffen in der Reparaturwerkstatt. Es ist schon ziemlich düster, als wir aus Landi Kotal rauskommen. Dort ist die einzige Stelle, wo sich der Khyberpaß in zwei Straßen gabelt. Ich sage zu meinem Kumpel: »Scheiße, wo geht es hier lang? Wenn wir uns jetzt verfahren, na dann gute Nacht, dann hat es sich aber wirklich erledigt. Sie machen hinter uns den Weg zu, und dann sind wir dran.«
Vor uns ist ein irres Abendlicht, wie Purple Haze, wenn der Acidtrip anfängt. Ein lila Kribbeln in der Luft. Vollkommen wahnsinnig. Die Sonne geht in diesen Mondkratern unter, das sieht aus, also das kann man eigentlich nicht mehr beschreiben, als wenn alles explodiert. Und plötzlich läuft vor uns einer lang mit einem ganz langen lila Seidenmantel und einem grünen Turban. Die Ausstattung war schon mal gut. Da hätte man schon stutzig werden können. Ich sage zu meinem Kumpel: »Du, paß auf, wir fragen den hier, wo es nun langgeht.« Wir halten an, ich kurbel das Fenster runter. Aber der guckt in den Himmel. So was habe ich

noch nie erlebt: der hat sich wirklich mit Gott unterhalten. Ganz egal was ein Mensch darüber denkt, der auf jeden Fall hatte den direkten Draht. Ich habe so etwas selbst bei indischen Sadhus nie wieder erlebt. Ich sehe heute noch meine Hand, wie ich langsam die Tür aufmachen will. Ich will nur noch raus und zu dieser Stimme. Da sagt mein Kumpel: »Der kann uns höchstens sagen, wo es endgültig langgeht.« Ich sage: »Fahr ganz schnell weiter, egal jetzt.« Wir waren natürlich auf der richtigen Straße.

Tee und Müsli

Unten an der Straße, am Eingang zum Paß, kannten wir einen Hof. Dort sind wir hin. Dort waren Pathanen. Da sind wir erst mal ein paar Tage geblieben.
Die sind ja sehr gastfreundschaftlich. Wenn sie dich aufnehmen, dann kriegst du alles, die reißen sich ein Bein aus. Und die alten Leute sind schwer in Ordnung. Auf den Feldern vor den Höfen sitzen immer irgendwelche Alten, aber sie sehen nur für dich steinalt aus. In Wirklichkeit sind sie steinharte Kämpfer. Sie sitzen da wie in Mexiko, mit Decken über den Schultern, und sie geben sofort Signal, wenn sich jemand dem Hof nähert. Ein richtiges Frühwarnsystem. Du kannst dich da nicht einfach so bewegen. Selbst wenn du aussehen und sprechen würdest wie ein Pathane, ist noch nicht gesagt, daß du da zu Fuß durchkommst. Du mußt dir gut überlegen, was du da treibst. Wenn du keinen Clan kennst, ist das schwierig.
Ihre Küche ist nicht so besonders. Alles ziemlich karg.

Meistens kochen sie Hammelfleisch mit Kartoffeln und Tomaten und Zwiebeln, so eine Art Stew. Das ist das Hauptgericht. Und Brotfladen und Tee. Wenn du Salat bestellst, kriegst du ein paar rohe Tomaten und Zwiebeln. Kannst ein bißchen Zitronensaft drübermachen, wenn du eine Zitrone auftreibst. Doll ist das nicht, aber da wächst ja auch nicht viel. Die Landschaft ist einfach karg. Joghurt haben sie übrigens auch und sogar Müsli. Dieser Schweizer Bircher-Benner hat das im Hunzatal, in Gilgit entdeckt. Im Winter ist das Tal nämlich total zugeschneit. Das einzige, was sie zubereiten können, sind trockene Früchte und Körner. Aus der Milch machen sie Joghurt. Im Hunzatal werden übrigens alle um die 100 Jahre alt. Wer dort überlebt, wird steinalt. Ich habe Leute gesehen, die waren 102 Jahre alt und liefen noch mit einer Knarre rum. Ein Greis ist dort härter als hier jeder Jüngling. Der kann über achtzig sein und hat nach ein paar Stunden Marsch einige Kilometer Vorsprung, wenn es darauf ankommt. Hier überlebt wirklich nur, wer zäh ist.
Wenn du mit einer Frau zu Besuch auf einen Hof kommst, dann wird sie im Harem untergebracht. Sie kann auch als Europäerin im Haus bleiben, das stört niemanden. Aber wenn sie in den Harem geht, sieht sie das ganze Haus und kriegt das gesamte soziale Leben mit, denn ein Teil des Hauses ist abgeteilt, dort leben die Frauen und Kinder. Wenn ein Fremder auf den Hof kommt, gehen sie alle in diesen Teil des Gehöftes. Meistens ist eine riesige Mauer ringsherum. Am Eingang steht oft ein Pflug oder ein Lastwagen, dort sitzen die Männer. Solange die Familie unter sich ist, laufen die Frauen unverschleiert herum. Die Kinder machen den Botendienst zwischen dem Frauen-

und dem Männerteil. Die bringen das Essen und räumen ab.
Die Frauen besitzen oft sogar einen Fernseher. Sie haben teure Saris und französisches Parfüm und alles mögliche. Sie langweilen sich natürlich. Sie kommen nicht raus aus dem Haus. Da sind die Pathanen rigoros. Mit ihren Frauen haben sie eine Macke.
Die Pathanen haben auch Pferde und Kampfhunde, diese eisbärartigen Kutschi-Hunde. So ein Kutschi-Hund kostet 1000 Dollar, das ist da oben ein Vermögen. Viele von ihnen sind inzwischen reich, manche mehrfache Millionäre, die wissen gar nicht mehr, wohin mit der Kohle. Der ganze Gifthandel, der Waffenhandel, da kommt gut Geld zusammen. In manchen Gehöften liegen die Perserteppiche in jeder Ecke, und überall steht ein Farbvideogerät und eine Musiktruhe. Das haben die alles, Mercedesse, Busse und Lastwagen. Zum großen Teil deutsche Waren. Die sind dort oben natürlich noch teurer als bei uns. Da wird geschmuggelt und gemacht und getan. Ein BKA-Drogenfahnder hat von folgendem Fall berichtet: Die Firma Merck lieferte Morphin nach Karatschi. Von Darmstadt nach Frankfurt auf den Flughafen, die Maschine kommt frühmorgens in Karatschi an, und abends wurde dasselbe Morphin schon wieder im Frankfurter Palmengarten verkauft. So schnell ging das. Hat entweder die Maschine nie verlassen oder ist direkt in Karatschi umgeladen worden für den nächsten Flug nach Frankfurt. Stell dir mal vor, was der Schmuggler verdient hat.
Das ist schon ein Elitetrupp am Khyberpaß, der den Handel zwischen hüben und drüben fest im Griff hat. Die Pathanen sind unglaublich geschickte Handwer-

ker. Du kannst eine westliche Waffe nach Derra bringen, das ist ein Marktflecken, und sie nachbauen lassen. Sie haben drei große Märkte: in Bannu, Landi Kotal und Derra. Der in Landi Kotal ist schon etwas demoliert, denn mitten im Basar ist einem Pathanen-Genie eingefallen, man könnte ja auch eine Atombombe bauen. Er ist offenbar nur bis zum konventionellen Zünder gekommen. Das Loch im Boden aber ist beachtlich. Da muß eine unheimliche Ladung abgegangen sein. Da ist wirklich der halbe Basar mit einem Schlag weggeflogen. Ich kannte den Basar, als er noch ganz war, und nun war eine riesige Ecke rausgesprengt. Ich habe gefragt, und als Antwort kam: Da hat einer versucht, ob wir nicht die Atombombe hinkriegen, steht uns doch zu. Ist denen scheißegal. Sieht sowieso schon aus wie auf dem Mond. Dann haben sie immer ein Druckmittel in der Hand, wenn sie endgültig in Ruhe gelassen werden wollen.

Wie gesagt, in Derra kannst du dir moderne europäische Waffen von Hand nachbauen lassen, Stück für Stück, und sie funktionieren. Manchmal nehmen sie von geklauten LKW die Achsen und machen daraus Maschinengewehrläufe. Nach 400 Schuß glüht das Ding natürlich aus, ist vollkommener Schwachsinn, weil das nicht der geeignete Stahl ist. Und manchmal haben sie von Heckler und Koch die Laufrohlinge kistenweise. Und solche Dinger sind natürlich perfekt. Da ist kein Unterschied zwischen einer, die aus der Fabrik kommt, und einer, die mit der Hand hergestellt ist. Sie hauen dann einfach Beschläge »made in Pakistan« rein. Nur daran siehst du, daß es eine nachgemachte ist. Geschickt sind sie auch mit den Autos. Ihre Karren sind alle frisiert.

Im Swat Valley

Unsere nächste Station war das Swat Valley in Pakistan. Das ist ganz grün und gehört auch noch zur Tribal Area. Es mißt an der breitesten Stelle etwa 100 Kilometer und ist etwa 600 oder 800 Kilometer lang, fast so lang wie Deutschland.
Früher war hier die alte Opium-Straße. Opium und Haschisch haben sie in den Tälern schon immer angebaut. Es hat aber früher nur zwei, drei Dörfer gegeben, die direkt vom Opium gelebt haben. So groß wie heute war das Anbaugebiet früher nicht. In Swat gab es so gut wie gar keinen Mohn. Heute ist das zugewachsen. Du kannst einen ganzen Tag mit dem Auto durch ein Tal fahren, ohne bis zum Horizont etwas anderes zu sehen als Opiumfelder. Das Zeug wird in bunten Lastwagen weggefahren, mit Spiegelchen und Plastikblumen und allen möglichen Lampen und Lichtern, die irgendwo aufzutreiben sind, bis hin zu Stroboskopen, Discobeleuchtungen und Lautsprechern. Ein paar Mann mit Waffen oben drauf auf die Lastwagen oder auf amerikanische Straßenkreuzer oder Jeeps. Dort sitzen sie auf der Kühlerhaube mit Maschinenpistolen im Anschlag. Das sind vielleicht verrückte Kolonnen.
Die Mullahs dort allerdings sind fanatisch Strenggläubige. Ich habe mich mal mit dem Mullah von Kalam unterhalten, das ist im Swat-Tal in der Nähe der tibetanischen Grenze. Der fuhr in meinem Auto mit. Für den war Khomeini schon ein Agent des Vatikans. Peshawar war für ihn ein einziger Sündenpfuhl, die Bewohner schon beinahe Ungläubige. Die Leute in seinem Dorf hat er mal gerade noch so im Griff, hat er mir

erzählt, aber da unten, um Gottes willen, leben ganz schlimme Leute, und dieser Khomeini, das ist auch kein richtiger Moslem mehr.
Im Swat ist es wirklich angenehm. Die Berge, frische Luft, klares Wasser, das man noch trinken und in dem man noch fischen kann. Du ziehst in irgendein Holzhaus und wartest, wie die Zeit vergeht. Nomaden kommen und gehen. Du siehst Karawanen, triffst alle möglichen Leute. Wenn du dich eine Zeitlang dort aufhältst, kommst du mit den Leuten ins Gespräch. Auf dem Basar kannst du dich überall dazusetzen und mit ihnen reden. Sie können fast alle Englisch, weil sie seit Generationen Krieg gegen die Engländer geführt haben. Du kannst also fast mit jedem reden. Wenn du dich an ihren Kodex hältst und dich ruhig benimmst, kann dir gar nichts passieren. Die kriegen schnell mit, daß du nicht genug besitzt, um dich zu beklauen. Und wenn sie dich über die Jahre immer wieder sehen, dann bist du wie ein Freund. Es gefällt ihnen, wenn Leute sie mögen. Da hast du sofort einen Stein im Brett. Und ansonsten nehmen sie alles sehr gelassen. So Sprüche wie »It's not important« oder »doesn't matter« oder »I don't care« hörst du alle Augenblicke. »No problem« ist so gut wie alles auf dieser Welt. »Police comes?« »No problem.«
Einmal wollte ich Heroin kaufen, und der Händler sagt: »Kriegst du nicht.« Ich sage: »Du, ich bezahle das auch.« – »Klar, ich habe auch kiloweise da, so ist es nicht, aber ich gebe dir nichts. Du bist ein Irrer und wirst dich damit zugrunde richten, und Geld haben wir, Geld wollen wir nicht. Wir wollen Freunde haben. Du bist ein Kumpel von uns, dir geben wir es nicht. Opium kannst du haben, Haschisch kriegst du

geschenkt, nimm mit, soviel du tragen kannst, interessiert uns doch gar nicht.«
Ich habe da alles umsonst gekriegt, nie für Drogen bezahlt. Dauernd hat mich einer eingeladen. Ein ziemlich billiges Leben.
Später habe ich einen Apotheker gefunden, der hat mir Drogen verkauft. Mann, war das eine Apotheke. Der hatte nur noch Gift. Ich glaube, der kannte gar keine Medikamente. Au weia, war das ein Laden, ganz dolle Bude.

Wenn die Herren aus dem Haus sind, tanzen die Frauen

Die Frauen sind auch im Swat alle schwarz verschleiert, bis auf die Nomaden-Frauen und die jungen Mädchen. Aber ansonsten alles unter Verschluß. Allerdings: In den ganz frommen Bergnestern, wo sie vor Frömmigkeit schon ausflippen, kommst du wieder an Frauen ran. Da schlägt es dann um. Der Trick ist folgender: Freitag mittag rennen sie alle in die Moschee. Wenn der Muezzin am Freitag mittag ruft, setzt eine Völkerwanderung ein. Da kommen sie aus allen Winkeln und Häusern und hasten der Moschee entgegen. Und sobald die Männer in der Moschee sind, stehen alle Frauen aus dem Dorf auf den Dächern. Wenn die Kerle weg sind, stehen sie unverschleiert auf den Dächern und pfeifen und grölen runter, wenn du da langläufst. Das habe ich durch Zufall mal beobachtet und daraufhin richtig ausprobiert. Ein paar Schlauköppe unter denen gibt es natürlich auch, die nicht

mit in die Moschee gehen und unauffällig pfeifend an der Ecke stehen. Man darf sich eben nicht erwischen lassen. Wenn einer einen anderen im Haus erwischt, legt er ihn auf der Stelle um. Interessiert den gar nicht. Aber bitte schön, wenn man die Nerven hat, kann man in jedes Haus reinrennen.
In ganz Asien ist das so. Die Frauen machen dich zwar an, aber nur, wenn es keiner mitkriegt. Keine Gesellschaft kann eben vollkommen geschlechtslos leben.
In Kafiristan, heute heißt das Nuristan, das ist ein Tal vor dem Swat Valley, leben die Kafiren. Kafir heißt ungläubig, Kafiristan ist also das Land der Ungläubigen. Die haben überhaupt keine Religion und hatten auch nie eine. Das ist ein uralter Stamm. Sie bauen Wein an. Einige behaupten, von Alexander dem Großen abzustammen. Beim Kuhtrieb im Herbst und im Frühjahr werden opulente Feste gefeiert. Alle besaufen sich, und alles fickt kreuz und quer. Die sind überhaupt nicht puritanisch. Die Frauen sind grundsätzlich unverschleiert, obwohl sie auch alle schwarze Kleidung tragen, mit Muscheln und Silber dran. Das sind sehr freundliche Leute. Sie führen kaum Krieg, und Blutrache ist ihnen fremd. Ungemütlich werden sie nur, wenn man an ihre Gräber geht. Sie haben zwar keine richtige Religion, aber einen Ahnenkult.
In Kalam und Uschtrud im Swat, direkt an der russischen Grenze, gibt es zwei uralte sakrale Bauwerke, wahre architektonische Meisterwerke. Wenn du auf die Dinger zugehst, denkst du, da fliegt ein riesiger Baumstamm durch die Luft. Kein Mensch weiß, wer die Dinger gebaut hat. Baumstämme von dieser Größe gibt es auf der ganzen Welt nicht mehr, nicht mal mehr

im Himalaja. Die haben einen Durchmesser von ungefähr 20 Metern. Unvorstellbar groß und von oben bis unten mit Schnitzereien besetzt. So ein Baumstamm wird ja nach oben immer schmaler, und sie haben immer nur den Teil mit dem größten Durchmesser genommen, der vielleicht nur 15 Meter lang ist. Das Ganze steht nur auf ein paar Rundhölzern, die sie hochgestapelt haben. Der Stamm balanciert darauf. Von weitem sieht das aus, als ob das Ding in dem Tal irgendwo in der Luft hängt. Die Moslems haben noch ein Holzminarett drangebaut. Das ist neuer, hat auch andere Schnitzereien. Den alten Teil müssen diese Kafiren oder irgend jemand sonst gebaut haben. Der runde Raum unter dem Baumstamm muß irgendein Versammlungs- oder Kultraum gewesen sein. Dadurch, daß sie Palisaden um diesen ganzen Raum gebaut haben, ist das wie eine Moschee. Die Moslems benutzen das jetzt auch als Moschee. Davor muß es ein Kultraum gewesen sein, sonst hätten sich die Leute nicht diese Wahnsinnsarbeit gemacht, den Baum mit seinem Riesengewicht hochzustemmen.
In den Tälern stehen auch buddhistische Stupas. Swat war mal ein buddhistisches Zentrum. Gleich nach dem Tod von Buddha ist sein Lieblingsschüler ins Swat Valley gezogen und hat dort die ersten buddhistischen Klöster gegründet.
Dieses Gebiet ist noch eine richtige Wildnis. Im Wald gibt es Schneeleoparden, Bären und Wölfe. Die Flüsse sind voll mit Forellen und Lachsen. Auch Adler sieht man, Bussarde, Greifvögel jede Menge. Schlangen. Gott sei Dank nicht so viele, weil es zu kalt ist. Dort herrscht ein ähnliches Klima wie in Deutschland, im Winter ein bißchen kälter und im Sommer

ein bißchen wärmer. In der Tribal Area sieht es auch fast aus wie hier. Das Klima ist angenehm und belastet dich nicht, und an die dünne Luft gewöhnst du dich. Aber einmal habe ich in Swat Valley eine Naturkatastrophe erlebt, na schönen Dank auch. Da hat es 48 Stunden geregnet. Da konntest du die Hand nicht mehr vor Augen sehen, 48 Stunden tiefste schwarze Nacht. Das war kein Regen mehr, das waren richtige Sturzfluten. Damals sind zwölf Leute ertrunken und 200 Stück Vieh, weil sie nicht mehr schnell genug in ihr Dorf reingekommen sind. Die vielen kleinen Flußläufe werden plötzlich zu richtigen Strömen, die alles mitreißen. Das ganze Tal verwandelt sich in Minutenschnelle in eine gewaltige Wassermasse. Wenn du in so einem engen Tal bist, und plötzlich kommt das Wasser, dann bist du verloren.

Swat Valley gehört erst seit 1969 zur Tribal Area. Davor herrschte dort ein König. Das Tal war ein eigenes Königreich.

Den Wali von Swat habe ich mal kennengelernt. Ich wußte gar nicht, daß das der König ist. Da war ich zwei Tage in ein Seitental hochgetrampt, danach ins Hunzatal nach Gilget. Ich war zwei Tage unterwegs, richtiges Trecking durch die Berge. Abends bin ich angekommen. Dort stand ein Haus im Fünfziger-Jahre-Stil, an einen Hang gebaut, mit einer riesigen Panorama-Scheibe, durch die man den K 2, den Nanga Parbat, die ganzen hohen Berge sehen konnte, die höchsten Berge der Welt. Der K 2 ist der zweithöchste Berg, er hat seinen Namen nach einem Vermessungspunkt, der Nanga Parbat der dritthöchste. In dem Haus wohnte ein freundlicher Herr mit einem Schnauzer, der uns zum Tee einlud. Wir haben also Tee getrunken und geredet, Allgemeinsätze, und dann sind wir wieder gegangen. Danach haben uns die anderen erzählt, das er ihr König gewesen ist, der König von Swat. Früher hatte er etwa 300 000 Untertanen. Er hatte auch ein richtiges Schloß mit zwei Kanonen vor Saidu Sharif. Später hat er von selbst abgedankt. Dem war das alles zuviel, seine Leute murrten über ihn. Und jetzt haben sie einen Vertrag mit den Pakistanis geschlossen. Früher hieß die Gegend Malakant, so haben die Engländer sie genannt. Man erreicht sie über einen gewundenen Paß, der nur aus schwarzem Basaltfelsen besteht. Am obersten Punkt liegt das Grab eines Heiligen. Von dort aus sieht man in das Tal von Peshawar und Madan. Der Horizont ist unendlich weit. Hinter dem Grab fährt man noch mal über einen Paß, noch mal ein Fort, dann kommt das eigentliche Tal, wo sich der Weg ins Swat Valley gabelt. Auch dieses Tal haben die Engländer zu erobern versucht und sind dabei zurückgedrängt worden. Nach der Unabhängigkeit haben das die Leute dort über den ganzen Felsen geschrieben: »Churchills retreat«, mit riesigen weißen Buchstaben über den ganzen Berghang. Sie haben Churchill geschlagen.

Auch hier ist jeder bewaffnet, jeder kann mit einer Waffe umgehen. Den Jungs bringen sie schon mit zehn Jahren das Schießen bei. Die Knarren haben sie im Schwarzhandel gekauft oder selbst gebaut. Sie sind darin ziemlich autonom. Auch Munition stellen sie selber her. Oben in Dir gibt es Schmiede, die noch Klingen herstellen können wie die Damaszener, oder Toledo-Klingen. Solche Klingen sind seit Jahrhunderten nicht mehr in Gebrauch. Sie sind völlig biegsam, eigentlich sind das ziemlich lange Messer, mit denen du durch einen Stein schneiden kannst. Das sind schon sagenhafte Klingen. So ein Ding kostet dort über 1000 Dollar. Und dann muß der Schmied dich auch noch mögen. Du mußt mit dem erst dealen und dann noch reichlich Geld bezahlen. Es dauert mehr als eine Woche, so eine Klinge herzustellen. Immer wieder lassen sie sie in Kameldung glühen. In einem europäischen Waffengeschäft kostet sie dann ein paar tausend Mark.

Früher haben sie mit diesen Dolchen auch Kavallerie-Attacken abgewehrt, sich einfach flach auf den Boden gelegt, in jeder Hand ein Messer, und wenn die Pferde gescheut haben, dann sind sie hochgesprungen, haben die Fesseln des Pferdes durchgeschnitten. Als der Reiter runterkam, haben sie ihm mit dem andern Messer die Kehle durchgeschnitten.

Auch hier herrscht Blutrache. Die Leute sind sehr schweigsam. Sie laufen stolz und aufrecht umher.

Wenn ich alles zusammenzähle, war ich über ein Jahr oder noch länger da oben. Ich bin nachher immer den ganzen Sommer über geblieben, wegen des Klimas. Unten in den Tälern ist es einfach zu heiß.

Die Teilung von Indien und Pakistan

Wenn du aus Peshawar rausfährst, über den Indus rüber, dann fängt eigentlich schon Indien an, auch wenn sich das heute Pakistan nennt. Das ist doch keine natürliche Grenze, wenn da irgendein Irrer einen Zaun durch die Wüste gezogen hat. Pakistan ist

1947 von Indien getrennt worden, als die Moslems einen eigenen Staat gefordert haben, also noch vor der Unabhängigkeit von den Engländern. Die Teilung war von furchtbaren Massakern begleitet. Zu Millionen haben sich Hindus und Moslems gegenseitig abgeschlachtet. Und dann sind die Hindus zu Millionen nach Indien rein- und die Moslems zu Millionen aus Indien herausgeströmt. Auch die Flüchtlinge haben sich noch gegenseitig bekämpft.

Mohammed Iqual, ein Dichter-Philosoph aus Peshawar, hat die Idee gehabt, einen Moslem-Staat zu etablieren.

Pakistan heißt »Land der Reinen«, aber das Wort setzt sich auch aus den Anfangsbuchstaben aller Provinzen zusammen: Pa steht für Patschtunistan, K für Kaschmir, und so geht es immer weiter. In diesen Provinzen sollte das moslemische Indien entstehen. Ali Jinnah, der Anführer der Moslems, hat das am Ende auch geschafft. Er hat dazu aufgerufen, daß jeder Moslem einen Hindu tötet, am besten den Nachbarn. In Kalkutta sind an einem Tag 30 000 Leute umgebracht worden. Ali Jinnah erklärte, das machen wir jetzt jeden Tag, so lange, bis ihr entweder Indien geteilt habt oder es gar nichts mehr gibt, was man teilen könnte. Schließlich haben die Engländer einen Experten aus London geholt, und der hat einfach ein Lineal genommen und Indien und Pakistan mit einem Strich auf der Landkarte geteilt. Nur am Ende ist er einem Flußlauf gefolgt, anstatt den Strich weiter gerade zu ziehen. Dadurch sind die Eingänge zum Kaschmirtal und das Kaschmirtal selbst an Indien gefallen. Deswegen haben sich Inder und Pakistanis auch in drei Kriegen um dieses Gebiet gestritten. Hätte er da weiter mit seinem Lineal rumgefuchtelt, dann wäre das rein moslemische Kaschmirtal an Pakistan gefallen. Die Pakistanis sind daraufhin auf die Idee gekommen, zu den Stämmen zu gehen und zu sagen: Ihr als Pathanen seid doch unabhängig, ihr gehört weder zu uns noch zu den Afghanen noch zu den Indern, holt uns doch einfach Kaschmir. Die Pathanen sind wirklich zu Hunderttausenden aus ihren Bergen gekommen und in Kaschmir einmarschiert. Dort haben sie erst mal eine Gewaltorgie gefeiert: geplündert, vergewaltigt, gebrandschatzt und getötet. Aber sie vergaßen, den Flughafen zu sperren. Dort landeten dann die Inder mit ihren ganzen Eliteregimentern und Fallschirmspringern und haben sie wieder aus dem Tal rausgeschmissen. Die Pathanen haben nur das heutige pakistanische Jamokaschmir, Assad Kaschmir, das heißt befreites Kaschmir, gehalten. Sie sind wieder zurück in ihre Berge gegangen und haben gesagt, gut, wunderbar, hat sich ja gelohnt, reiche Beute gemacht, noch ein paar Leute umgelegt, war ja wieder ganz groß, der Betriebsausflug. Und für ihren Einsatz haben sie sich die absolute Autonomie für die Tribal Area von den Pakistanis zusichern lassen.

Taxila und Rawalpindi

Wenn man den Indus überquert hat, kommt man wieder durch eine bergige Mondlandschaft mit vielen Höhlen. Die nächste Stadt ist Taxila, ebenfalls ein uralter Kultort, eine Wiege der Zivilisation wie Babylon.

Das Tal von Taxila ist voll mit Tempelruinen, 10 000 oder sogar 20 000 Stück dürften das sein. Dort sind auch Buddha-Statuen und griechische Arbeiten gefunden worden – Alexander der Große hatte viele Bildhauer in seinem Troß mitgebracht, die die gesamte indische Bildhauerei beeinflußt haben. Es gibt diesen berühmten Buddha von Lahore, ein sitzender, fastender Buddha. Das Thema ist asiatisch, aber du siehst, das ist eigentlich eine griechische Arbeit.
In dem Nest Taxila ist heute nichts mehr los. Eine Basarstraße, ein paar Teeshops, eine Tankstelle, eine Busstation, Ende.
Viel weiter sind die Griechen übrigens nicht gekommen. Einmal hat Alexander noch drei Schiffe den Ganges runtergeschickt. Die Balinesen sind der Meinung, sie stammen von Alexander ab, weil die Strömung auf dem Indischen Ozean, wenn du in Kalkutta rauskommst, dich schräg auf Bali zutreibt. Und jeder Pakistani und Pathane kennt Sikandargulcham, Alexander den Großen. Die Hindus erzählen ihren Kindern heute noch von ihm als Schreckgespenst, wie bei uns die Eltern vom Schwarzen Mann. Sie sagen: »Wenn du nicht artig bist, dann kommt Alexander der Große.«
Von Taxila ist es noch ein kleines Stück bis nach Rawalpindi-Islamabad. Diese Doppelstadt ist Pakistans neue Hauptstadt. Dort steht ein Haufen weißer steriler Betonblöcke aus den fünfziger Jahren rum. Aber Rawalpindi ist eigentlich eine alte und sehr schöne Stadt. Dort gibt es wie in jeder indischen Stadt ein ehemaliges Cantonment, wo die Europäer, die Engländer wohnten, mit alten englischen Hotels. Heute leben dort nur noch ganz wenige Weiße und fast überhaupt keine Hippies. Dafür aber Pathanen.

Ich habe immer gern in »Mrs. Davis Private Hotel« gesessen, in einem kleinen Gartenhäuschen, und gelesen. Später habe ich in einer schiitischen Moschee gewohnt, am Basar. In der Gasse war ein kleiner Innenhof mit einem Baum, einem Grab eines Sufi-Heiligen und katakombenartigen Unterständen. Das war die ganze Moschee. Wenn ich dort ankam, habe ich mit den Moslems ein paar Tüten geraucht und gequatscht, danach bin ich wieder weiter.
Als ich 1979 wieder einmal dort war, war Khomeini gerade in Teheran gelandet. Der Mullah stand mit einem Radio in der Hand plötzlich vor der Tür und schrie immer: »Er ist gelandet!« Alle rasten auf die Straße, obwohl dort gerade ein Platzregen losging. Das hat die nicht mehr gestört. Der ganze Basar stand plötzlich da und hat gekräht. Alle sind in Ekstase geraten und haben in den Straßen getanzt. Am nächsten Tag stand im »Muslim«, das ist eine der besten Zeitungen in Pakistan, ganz oben: »Ajatollah Khomeini gelandet«, und darunter: »Jahrhundertelang haben wir von den Christenhunden Dreck zu fressen gekriegt. Es wird Zeit zurückzuzahlen.« Die haben sofort begriffen, was die Stunde geschlagen hat.
In Rawalpindi gibt es auch so eine Eisenbahnbrücke aus Holz, auf der lauter Gaukler sitzen. Die einen haben Käfige mit Papageien, die zweiten verkaufen Ringe, die dritten beschwören Schlangen, die vierten lesen aus der Hand, die fünften machen Tätowierungen.
Einmal habe ich im »Paris Hotel« gewohnt, am Anfang der Brücke. Unten drin war ein Rauschgiftladen. Damals war das in Pakistan erlaubt! Haschisch, Opium und Bang konntest du frei kaufen, das lag einfach

auf dem Ladentisch. Bang ist Haschisch, das in Wasser gelegt und dann zu einer feuchten grünen Paste vermahlen wird. Die packen sie in so Gazestoffe, machen Bälle daraus und tunken sie in Trinkjoghurt mit Nüssen und Pistazienkernen und ein bißchen Zucker. Drei Kugeln sind noch sehr bekömmlich, aber ab fünf Kugeln haut es dich um. Das habe ich einmal gemacht und nie wieder. Und frühmorgens stehen alle Kulis und Gepäckträger Schlange, um ein Gramm Opium zu holen. Das kostete damals eine Rupie, also 20 Pfennig. Die haben das alle gleich runtergeschluckt, Wasser hinterher, und dann haben sie sich vor ihre Karren gespannt und haben den ganzen Tag Waren geschleppt. Die Kulis sind überall opiumsüchtig. Das ist schließlich auch einer der härtesten Jobs bei der Hitze. Sie haben eine durchschnittliche Lebenserwartung von 35 Jahren, dann ist der Körper ausgepumpt.

Eines Tages sind die Rauschgiftläden plötzlich verboten worden. Die Kulis sind einfach nur noch ziel- und planlos durch die Straßen gelaufen, alle auf Turkey. Allein in Rawalpindi sind in einer Woche 350 Leute auf Turkey gestorben. Die Leute sind in ganz Pakistan wie die Fliegen gestorben. Da ist ein alter Mann vor mir gelaufen, der hat noch ein Gramm Opium gehabt, das hat er auf der Handfläche gehalten und hat nur noch den Kopf geschüttelt. Der hat ganz genau gewußt, das eine Gramm, und das war's dann. Der hat mehr oder weniger sein Leben auf der Handfläche vor sich hergetragen. Zwei Tage später ist Khomeini gelandet, und deswegen waren auch die Läden geschlossen: Islamisierung. Alles Berauschende ist verboten. Erst verbieten sie den Alkohol und dann das Rauschgift.

Die Folge ist, daß es jetzt kein Opium und kein Haschisch mehr gibt, aber Heroin jede Menge. Früher hast du in ganz Pakistan kein Gramm Heroin gekriegt, und jetzt haben sie natürlich einen Schwarzmarkt. Jetzt beschweren sie sich, sie hätten ein Heroin-Problem am Hals. Selbst schuld.
1975 waren wir eine Woche in der Stadt, um dann mit dem Auto bis Indien durchzufahren. Dort gibt es übrigens auch Kinos mit westlichen Filmen. Bruce Lee, »Under the Dragon« habe ich dort gesehen. Das ist ein Kultfilm in Asien. Wie für die Schwarzen Cassius Clay ein Kämpfer von Weltklasse ist, so ist für die Asiaten Bruce Lee einfach der beste Karatekämpfer.

Lahore, Grenzstation zu Indien

Gleich hinter Lahore liegt die Grenze zu Indien. In Lahore selbst herrscht der schlimmste Verkehr der Welt. Die fahren wie die Wahnsinnigen, vollkommen außer Kontrolle. Wenn Leute auf einem Fahrrad sitzen und sehen, sie schaffen die Kurve nicht mehr, springen sie einfach ab, lassen das Rad weiterrollen, das fliegt dir einfach um die Windschutzscheibe. Wenn einer Melonen trägt und sieht, er kommt nicht mehr über die Straße, schmeißt er die einfach weg. Wenn einer sein Auto schräg geparkt hat, fährt er einfach los, guckt nicht links und nicht rechts. Jeder fährt, wie er will, kreuz und quer. Ununterbrochen fliegt irgendwas rum, es kracht und knallt. In der Hitze verlieren die Leute die Beherrschung und werden hysterisch. Du brauchst Stunden, um durch die Stadt durchzukommen. Wie umgehe ich Lahore?, das ist genauso wichtig wie: Wie umgehe ich Teheran? Wenn du nachts mit dem Bus in Rawalpindi losfährst, dann kommst du frühmorgens vor Lahore an einem Fluß an, dort steigst du in ein Taxi um und fährst eine Umgehungsstraße bis direkt zur Grenze. Die Grenzstation steht voll mit beschlagnahmten Autos. Das sind schon richtige Halden. Und 200, 300 Kühlschränke stehen da auf einer Wiese. Wenn ein Inder oder Pakistani oder auch ein Perser hier in Europa ein Auto kauft, muß er dort den Kaufpreis als Zoll bezahlen. Wenn er hier einen Mercedes für 40 000 Mark kauft, muß er dem Zöllner noch mal 30 000 Mark geben. Das können viele nicht bezahlen. Der Grenzer sagt: »Schönen Dank auch, stellen Sie den mal da hin, wenn Sie das Geld haben, können Sie ihn ja wieder holen.«

Die Grenzbeamten sind alle korrupt. Wenn man schmuggeln will, muß man nur den Playboy auf den Beifahrersitz legen und die Whiskyflasche. Die fragen dann: »Wieviel Kilo habt ihr denn dabei?« Und die Leute antworten: »Hier hast du 200 Dollar, denn es sind 200 Kilo.« – »Wunderbar, fahrt doch weiter, hier habt ihr noch einen Stempel, auf Wiedersehen.«

Die Inder allerdings haben dort ein »Magic Woman« eingesetzt, eine alte Frau, an der man vorbei mußte, nachdem man alle Grenzkontrollen passiert hatte. Ein altes Muttchen im Sari, das einen angegrinst hat. Aber wenn man vorbei war, sagte sie: »Das Auto durchsuchen, er hat was.« Die Alte hat sich nie geirrt. Man mußte sofort auf sie zugehen und sagen: »Paß auf, Oma, ich habe hier ein bißchen für mich zu rauchen dabei.« Bloß dann hat sie einen laufen lassen. Typisch Indien: kein Computer, sondern eine alte Oma.

Die Perser hatten übrigens so ein skurriles Exemplar in männlich. Der sah aus wie ein Fuchs: roter Schnauzer und ein rotes Karakul-Käppi. Der kam einem entgegen und schüttelte einem die Hand: »Wie geht es denn? – Der Puls ist zu hoch, durchsucht sein Auto!«

Die Sikhs in Amritsar

Und schon ist man in Amritsar, der Stadt der Sikhs. Ihr goldener Tempel ist sehr berühmt. Die Sikhs haben ja eine eigene Religion. Sie stammen ursprünglich wie die Zigeuner aus Rajasthan.
Ein Zeitgenosse von Martin Luther, Guru Nanak, hat diese Religion gegründet, halb moslemisch, halb hinduistisch. Er meinte, dies wäre die beste Lösung für Indien, weil sich dann die Moslems mit den Hindus nicht mehr streiten würden. Die Sikhs kennen keine Kasten. In ihrem Goldenen Tempel wirst du durchgefüttert, nur rauchen darf man nicht. Wenn du Zigaretten zeigst, flippen sie aus, werden hysterisch und gehen mit Messern und Schwertern auf dich los. Ist mir schon mal passiert. Ist total verboten. Die mit dem blauen Turban, die Kriegerkaste, die sind am schlimmsten drauf.
Heute haben sie Angst davor, von den Hindus aufgesaugt zu werden und in der Hindumehrheit Indiens ihre Eigenständigkeit zu verlieren. Deswegen agieren einige so radikal. Außerdem streiten sie sich mit den Hindus ums Wasser beim Punjab. Punjab heißt »Fünf Wasser«: Fünf riesige Ströme fließen den Punjab hinunter, der Ganges, der Indus, die Jumna und so weiter.

Das ist eine der fruchtbarsten Gegenden der Welt. Dort kann man zwei-, dreimal im Jahr ernten, es gibt immer Wasser und Sonne. Den Leuten geht es prächtig, denn das ist die Kornkammer Indiens, eine richtig reiche Gegend.

Die Sikhs sind nicht nur gute Bauern, sondern auch gute Händler und gute Krieger. Die meisten Generäle in der indischen Armee sind Sikhs.

Ein Teil des Punjabs ist ebenfalls Pakistan zugeschlagen worden. Früher war ihre Hauptstadt nicht Amritsar, sondern Lahore. Sie hatten früher ein eigenes Reich, das sie dem Reich der Mogulen abgetrotzt hatten. Später kämpften sie gegen die Afghanen und noch später gegen die Engländer. Heute streiten die sich mit den Indern um Wasser und um ihre kulturelle Identität.

Eine Art Khomeini der Sikhs war Bindranwale, ein Finsterling mit einem Turban und einem langen Bart, der seine Leute losgeschickt hat, Hindus zu ermorden. Indira Gandhi war auf die Idee gekommen, die Sikh-Spitze zu spalten, damit sie die Wahlen verlieren und ihre Partei den Punjab übernehmen kann. Deshalb hat sie Budranwale gefördert. Vorher war er nur ein unbekannter Prediger. Aber das Geschehen hat sie völlig überrollt: Er hat die Sikhs total radikalisiert. Schließlich hat er sich im Goldenen Tempel versteckt. Die indische Armee hat ihn dann bekanntlich gestürmt, und die Folge davon war, daß die Sikhs sich gerächt und Indira Gandhi umgebracht haben. Heute kann man das Gebiet nur noch per Militärkonvoi passieren. Und wenn man in Delhi mit dem Flugzeug landet, dann lassen sie einen überhaupt nicht mehr über Land in den Punjab fahren. Nach Amritsar kommt man nur noch über Pakistan. Die Sikhs fordern inzwischen einen eigenen Staat. Das ist ein ständiger Konfliktherd im Grenzgebiet zu Pakistan.

Ein spiritueller Trip

Eigentlich wollte ich ja nie nach Indien. Ich dachte, um Gottes willen, das ist ja der reinste Horror: nur Elend und Schlangen. Aber je weiter du nach Indien reinkommst, desto stärker fasziniert dich das Land, desto mehr willst du davon sehen. Es ist ein Land, in dem man einfach losmarschieren und für den Rest seines Lebens nur noch wahllos herumwandern könnte.
Das machen auch die ganzen Asketen und Sadhus, die hinduistischen Pilger. Die gehen von zu Hause los und bleiben auf der Straße, bis sie irgendwo sterben. Für die Hindus ist es ein Ideal, loszuziehen, sobald ihre Kinder sich allein durchschlagen können. Sie lassen ihr ganzes Geld zu Hause, binden sich ein Lendentuch um, nehmen eine Bettelschale und einen Rosenkranz und ziehen los.
Die Hippies und Freaks sind damals nicht nur wegen der Drogen in diese Region gefahren, sondern auch, um diesen spirituellen Trip im Osten kennenzulernen. Denn der findet auf der Straße statt, nicht in der organisierten Kirche wie hier. Diese menschliche Erfahrung kann man ja nur noch in Asien machen, und sie erweitert einfach das Menschenbild.
Die Sadhus, die da auf der Straße pilgern, müssen sich mit jeder Lebenslage abfinden. Mal wohnen sie im

Palast, mal auf der Straße, ohne Geld und ohne Nahrung. Beides nehmen sie mit derselben Gelassenheit hin. Denn die Welt ist für sie ein Platz, wo die Menschen sich nur eine Weile aufhalten und dann weiterziehen. Menschen werden geboren, ziehen durchs Leben und sterben. Und so sollst du auch jeden Königspalast betreten oder jede Armenhütte und den irdischen Belangen nicht mehr viel Beachtung schenken. Die Leute, die so denken, sind auf angenehmste Weise entspannt. Mit denen kommt man auf Anhieb am besten klar.
Einmal habe ich in Kulu eine Mela erlebt, eine Versammlung der Sadhus. In Allahabad findet alle zwölf Jahre die größte statt. Denn auf Allahabad, Nasik und Ujain und Hardwar sind ihrer Vorstellung nach die Blutstropfen des Giganten gefallen, mit dem ihr Gott Schiwa irgendwann mal kämpfte. Im Turnus von vier Jahren finden dort Millionen von Pilgern zusammen. Wenn dort Panik auftritt, werden Tausende von Menschen zertrampelt. Die Sadhus erkennt man an ihrem Lendenschurz und daran, daß ihr ganzer Körper mit weißer Asche beschmiert ist. Diese Gestalten sehen oft unvorstellbar bizarr aus. Wenn du mal zehn- bis zwölftausend auf einem Platz gesehen hast, verblaßt jeder Karneval in Rio dagegen. Einige zum Beispiel laufen splitternackt herum, tragen grüngefärbte Dreadlocks bis auf die Erde, haben das Gesicht golden angemalt und einen Spieß in der Hand. Manchen sind die Fingernägel durch das Fleisch der Hände gewachsen, weil sie jahrelang die Hand zur Faust geballt haben. Von manchen geht eine ungeheure menschliche Würde, Ruhe und Liebe aus, und wenn du denen in die Augen guckst, ist das, als ob du in einen Weltraum

schaust. Das ist eine unheimlich wichtige Erfahrung, die du da machen kannst: Der Mensch braucht nicht nur einen vollen Kühlschrank, der allein macht nicht glücklich.

Einmal bin ich mit drei Sadhus einige Tage durch die Gegend gezogen. Ich wollte eigentlich nach Kaschmir, habe dann aber einen falschen Bus erwischt und irgendwo in der Wildnis gestanden. Der Bus war kaputt.

Da sah ich die drei: zwei Alte, die die Haare wie Turbane hochgebunden hatten und nur noch einen Lendenschurz und Ketten trugen, und ein Junger, der eine richtige Punkfrisur hatte, hochstehende, wasserstoffblond gefärbte Haare. Der tanzte auf der Straße und war schon vollkommen weg. Der fragte mich, ob ich nicht mitkommen will. Er konnte Englisch und meinte, das sei langweilig, auf den Bus zu warten. Ich sagte: »Da hast du allerdings recht«, nahm meine Tasche und bin dann mit denen mitgezogen. Der Junge hat den ganzen Tag irgendwelche Leute mit Früchten beworfen und Poplieder gesungen, also nur Faxen gemacht und Unfug gestiftet. Und die beiden Alten haben nichts gesagt, tagelang gar nichts. Als ich neben denen herlief, habe ich irgendwann gar nicht mehr gemerkt, ob sie überhaupt noch da sind. Die waren schon fast unsichtbar. Sie hatten schon alles Irdische abgelegt. Auch die Faxen des Jungen haben sie nicht mehr gestört.

Mit den dreien bin ich dann hoch in den Himalaja nach Bandhrinat bis zur Gangesquelle gezogen. Das war unheimlich schön, aber ich wußte gar nicht, daß ich an der Gangesquelle bin. Auch der Junge hatte mir das nicht gesagt. Ich wollte immer in meinem Leben mal zur Gangesquelle, bin dagewesen und hab das gar nicht mitgekriegt. Die Quellen sind vielleicht das wichtigste Heiligtum Indiens. Da sitzen auch immer irgendwelche Gläubigen, die als Wächter auf die Quelle aufpassen. Die sitzen im ewigen Eis nur im Lendenschurz: Mit Yoga können sie die Kälte ertragen. Ein Europäer könnte in dieses eisige Wasser nie reingehen. Nach zwei Tagen bin ich dann wieder weiter. Die Sadhus sind dortgeblieben.

Indien ist wie ein Rausch

Die Kasten lernt man erst langsam unterscheiden. Die Brahmanen, die an der Spitze stehen, erkennt man an ihrer hellen Hautfarbe. Die Brahmanen von Kaschmir haben oft sogar blaue Augen und eine ganz bestimmte Schädelform. Den Unberührbaren gestehen sie zum Beispiel viel weniger Milch zu als sich selbst. Die kriegen so wenig Milch, daß sich die Hirne der Kinder oft nicht richtig entwickeln können. Das ist Absicht. Für die Brahmanen stehen sie auf der Stufe von Vieh. Die Unberührbaren sind auch viel dunkler. Sie sind die eigentlichen Ureinwohner Indiens. Die Arier sind ja nur eingefallen. Und weil sie den Süden nie erobert haben, ist auch Indien in Nord und Süd gespalten. Die Südinder, die nicht von den Moguln erobert wurden, sind dunkler und kleiner als die Nordinder. Guck dir einen Sikh an, der ist fast doppelt so groß wie ein Tamile. Ganz Südindien ist wie ein Land aus »Gullivers Reisen«. Die Kühe werden so groß wie Doggen, die Zitronen werden so groß wie Kirschen, die Taxis

sind so klein, daß du kaum drin sitzen kannst. Die Leute gehen dir nur bis zur Brust, die Frauen sind geradezu winzig.
Indien ist wie ein Rausch, es schlägt dich richtig in Bann. Du willst immer weiter. Es ist wie eine Sucht. Ich bin viel mit dem Bus gefahren. Der gibt allerdings alle paar Stunden seinen Geist auf. Dann flicken sie den Reifen mit Draht und kleben ein Stück Metall vor das Loch. Und dann fährt er wieder weiter, mit Karacho und 120 Stundenkilometer ohne Rücksicht, nur noch mit Hupe. Der Busfahrer sitzt gewissermaßen im halben Schneidersitz am Steuer. Ein Bein auf dem Schenkel des anderen, das andere auf dem Gaspedal, den Daumen auf der Hupe. Mit stierem Blick rast er voran. Meistens ist er zu bis unters Dach, mit Alkohol oder Opium. Da ist kaum einer nüchtern. Die müssen oft auch 24 Stunden fahren, einmal aufladen, gleich wieder zurück. Manche fahren auch monatelang mit einem Lastwagen voller Reis durch Indien, weil die Reispreise von Provinz zu Provinz unterschiedlich sind. So kann man natürlich bestens Geschäfte machen: die fahren dorthin, wo der Reis am teuersten ist. Die Leute verhungern, und die Lastwagen fahren sinnlos durch die Gegend.
Das ist Indien. Das Schöne und das Furchtbare liegen immer dicht beieinander. Du guckst dir den Tadsch Mahal an, und unten im Fluß schwimmt plötzlich eine Leiche vorbei, auf der ein Geier sitzt, der die Augen auszuhacken versucht. Es spielt sich alles auf der Straße vor deinen Augen ab. Da kann irgendein Heiliger in Meditation sitzen, und daneben sitzt ein Leprakranker.
Aber innerhalb ihrer Familien und Kasten haben die

Inder eine beispielhaft soziale Einstellung. Daß jemand seine Familie verläßt, ist undenkbar. Und der Onkel von der Schwester von der Tante füttert dich durch, wenn deine Eltern gestorben sind, selbst wenn er dich nicht leiden kann. Das ist unumgängliche Pflicht. Die einzelnen Kasten jedoch sind streng voneinander abgegrenzt. Aus den einst vier Hauptkasten haben sich inzwischen 200 oder mehr Splitterkasten entwickelt. Da blickt keiner mehr durch. Das wird bis zur Absurdität getrieben. Friseure mit einer Schere und Friseure mit einer Schere und einem Lederetui dazu sind schon zwei verschiedene Kasten, die nicht mehr untereinander heiraten, nicht mehr gemeinsam essen. Aber das Land funktioniert einfach so. Wenn du die Ordnung zerstören würdest, wäre das Chaos noch größer.

Denn das ist eine vollkommen statisch-hierarchische Gesellschaft. Der Kopf sind die Brahmanen. Der Körper ist die Kriegerkaste, die Arme sind die Händler, und die Beine sind die Bauern und Handwerker. Die Straße, die der Körper benutzt, das sind die Unberührbaren, der Dreck der Straße.

Dennoch läßt die Hindu-Gesellschaft dem Individuum in mancher Hinsicht sehr viel Freiheit, weil jede nur erdenkliche Verrücktheit (nach westlichen Maßstäben) religiös motiviert oder verbrämt sein kann. Du kannst dich austoben, wie du willst. Das kann allerdings auch abschreckende Formen annehmen. In Benares etwa warten Leute an den Scheiterhaufen, bis die Leichen abgebrannt sind. Sie sehen aus wie Skinheads – das ist schon mal interessant – und lauern, bis beispielsweise ein Arm abfällt. Dann schnappen sie sich den Arm, springen einfach ins Wasser, die andern werfen Steine hinterher, und schwimmen den Ganges ein Stück runter. Nachts sitzen die dann in irgendeiner Ecke, braten den Arm noch mal und fressen den. Das ist ein religiöser Kult. Keiner denkt daran, daß das Psychopathen sein könnten, die weggesperrt werden müssen. Oder die Thugs, die der Schwarzen Göttin Kali dienen und ihr Menschenopfer darbringen. Oft rauben sie auch andere aus. Oder es gibt verrückte Weiber, die Tauben oder Katzen durchfüttern, denen bauen sie in Indien einen Tempel. Dann haben sie 500 Katzen und können sich austoben.

In dieser Hinsicht sind die Inder unglaublich tolerant. Viele Hippies sind in Indien durchgedreht, weil ihnen niemand mehr irgendwelche Grenzen für ihr Verhalten gesetzt hat. Du kannst immer weiter ausflippen, immer irrer werden. Du kannst auch irgendwo reinkommen, den Ladentisch abräumen, dem Inhaber noch ein paar Backpfeifen hauen, alles aus dem Regal zerren, eine Pulle mitnehmen, sagen: »So, ich geh jetzt wieder«, dann sagt der: »Tschüs, Sir, goodbye«. Du kannst Leute auf der Straße festhalten, an den Ohren schnipsen, eine Schnapsnase drehen, und es passiert nichts. Die gehen zurück, lassen dich auflaufen. Das ist wie eine Gummiwand.

Einmal sind wir in Goa an einer alten Barockkirche vorbeigekommen. Die Bewohner sind überwiegend katholisch – ein Erbe der portugiesischen Kolonisation. Da steht ein nackter Hippie vor der Kirche mit einem Beil in der Hand. Die Inder halten uns an und sagen: »Paßt auf, den nehmt mal mit, der ist ausgeflippt. Der hat hier eben das ganze Inventar zerhackt, und eh die Polizei kommt, nehmt den mal mit.« Ich sage: »Das geht nicht, zu dritt auf dem Motorrad.«

Mach das mal in Bayern, geh nackend in eine Kirche und hau das Mobiliar mit dem Beil kaputt. Dann kommen die Bayern doch nicht, um zu sagen: »Fahr den mal weg, eh die Bullen kommen.« Die würden dich in Stücke reißen. Aber in Indien reagieren die Leute gelassen.

Ich bin in Indien auch einfach in die Küche der Restaurants gelaufen und habe selbst gekocht. Hat mich gar nicht interessiert, was die da machen. Da sagt auch keiner was.

Indien und Amerika, das sind beides die Länder der unbegrenzten Möglichkeiten. Das eine psychologisch, das andere materiell. Anscheinend kannst du dich da aufführen, wie du willst. Gut, in bestimmten religiösen Fragen sind die Inder empfindlich, ihre Heiligtümer darf man nicht angreifen. Einmal wollte ich zu einer Party, und ich laufe los und höre Trommeln. Es ist Nacht und dunkel, ich habe keine Taschenlampe dabei. Und ich gehe immer dem Trommelgeräusch nach, denke an eine wilde Party. Und plötzlich stehe ich in einer Voodoo-Zeremonie. Da sitzen sie, alle weiß angezogen, in der Mitte ein schwarzer Hahn. Sie springen auf und rennen auf mich zu – da bin ich aber selber gerannt, wie ein Wahnsinniger, einfach in den Wald rein. Ich war zum Glück schwarz angezogen.

Unerträglich ist es im Sommer zur Monsunzeit. Das ist, als ob du in der Waschküche lebtest. Wenn du im dritten Stock auf dem Balkon stehst, siehst du noch Regen, gehst du unten auf die Straße, ist es nur noch heißer Dampf. Leder wird innerhalb von einer Woche grün, das kannst du wegschmeißen. Alles verschimmelt, alles verrottet. Tonbandkassetten leiern aus und

gehen kaputt. Man ist immer naß, immer feuchtgeschwitzt. Puh! Danach wird es schön, weil dann alle Blumen blühen. Du kannst in der Monsunzeit einen Ast vom Baum abreißen und in die Erde stecken, und wenn der Monsun zu Ende ist, steht da ein kleiner Baum. Soviel Kraft hat die Natur.
Bleibt er aus, ist es erst recht die Hölle. 1979 und 1980 war das so. Das Land wird zum Backofen, die Erde reißt auf. Überall riesige rote Risse. Wo früher Flüsse oder Seen waren, sind bestenfalls noch Tümpel oder nur noch Schlamm. Davor stehen abgemagerte Kühe. Die Leute werden völlig apathisch. Alles geht kaputt, nichts wächst mehr. Die Landbevölkerung zieht in die Städte, nur um Wasser zu kriegen. Das Elend greift schubartig um sich. Dadurch schwellen die Städte in Indien so an. Wenn der Monsun ein oder zwei Jahre ausbleibt, flieht die Landbevölkerung in die nächstgrößere Stadt, um zu überleben. Die Eltern schicken ihre Töchter in den Puff.

In Kaschmir

Natürlich haben wir uns auch Kaschmir angeguckt. Das ist eines der schönsten Täler der Welt. Es ist einfach paradiesisch: Riesige hohe Schneeberge, Seen voll mit Lotusblüten, Rosengärten, die die Moguln angelegt haben. Auf den Seen schwimmen überall geschnitzte Hausboote.
Die Gegend ist eigentlich nicht besonders reich. Srinagar ist reich durch den Basar. Es gibt ein Sprichwort: Der Jude betrügt den Levantiner, der Armenier betrügt

den Juden, der Kaschmiri betrügt sie alle. Jeder will dir irgendwas andrehen. Du mußt tierisch aufpassen, daß du nicht dauernd übers Ohr gehauen wirst. Dort gibt es viele Edelsteine, alter Kaschmiri-Schmuck ist sehr begehrt, aber es ist immer schwer zu sagen, ob das Zeug auch echt ist.

Die Kaschmirpullis, die nach Europa exportiert werden, sind übrigens nur dritte Wahl. Die beste Kaschmirwolle kannst du nicht kaufen, das ist verboten. Nur die Brahmanen dürfen das. In Benares verkaufen sie Kaschmirdecken, die die Brahmanen als Umhang nehmen. Damit kann man in Schnee und Eis schlafen, und man kann sie zusammenfalten auf die Größe einer Tafel Schokolade und wieder ausbreiten und sich darin vollkommen einwickeln. Das ist zweimal zwei Meter reinste Kaschmirwolle. Sie kostet ein paar tausend Rupien, ist also unbezahlbar. Weißen verkaufen sie sie sowieso nicht. Der Dicke hatte mal eine gekauft in Benares, durch Zufall, dritte Wahl. Die würde hier ein paar tausend Mark kosten. Für die ist das schon Ausschuß. Wirklich gute Kaschmirwolle hat hier in Europa noch nie jemand gesehen. Das Material ist einfach zu teuer herzustellen. Die Lämmer werden dafür noch im Mutterleib getötet und herausgeholt. Von ihrem Fell werden nur die Spitzen abgeschnitten. Für eine Handvoll Flaum töten sie das Mutterschaf und das Jungschaf. Für eine Decke muß eine halbe Herde dran glauben.

Im Basar von Kulu sitzen auch viele Tibetaner. Sie sehen auf die Inder herab. Wenn du mit einem Tibetaner dealst und irgendeinen Preis sagst, dann sagt der, paß auf, geh zu irgendeinem doofen Inder, nicht mit mir. Geh runter ins Tal zu den Deppen. Die Pathanen

sagen das ja auch: »Diese schwarzen Hunde da unten, Packzeug, kleine braune Fischfresser.« Sie haben die Inder immer überfallen, ausgeraubt und unterdrückt, und die haben nie richtig Widerstand geleistet. Für die Inder sind ihre Nachbarn Barbaren, Primitivlinge, »Neandertaler«, unzivilisiertes Pack, das in seinen Bergen hockt.
So hat jeder sein Vorurteil.

Delhi, Tadsch Mahal und die Moguln

Wenn man in den Süden Indiens will, und wir wollten ja 1975 nach Goa, muß man durch Delhi fahren. Manchen Leuten gefällt die Stadt, aber ich mag sie überhaupt nicht. Ich habe immer darauf geachtet, daß ich so schnell wie möglich wieder weg kam. Mein kürzester Aufenthalt dauerte drei Stunden, mein längster drei Tage. In diesen drei Tagen habe ich mir die Stadt angesehen. Sie versuchen dort mit aller Gewalt einen westlich modernen Standard zu erreichen. Da stehen auch diese ganzen englischen Verwaltungsbauten rum, die Kolossalschinken aus der Gründerzeit. Davon gibt es ein ganzes Viertel, und in einem anderen Viertel stehen nur Bungalows und Boutiquen mit westlicher Mode. Es wimmelt von Bullen und Hippies – entsetzlich.
1975 bin ich dort nur zur Post gegangen, um mit meinem falschen englischen Paß Briefe abzuholen. Mit dem konnte ich unbegrenzt in Indien und Pakistan bleiben. Heute ginge das nicht mehr, weil Margaret

Thatcher die Visapflicht eingeführt hat. Zwei Jahre später war der Paß leider abgelaufen. Da habe ich mir einen neuen besorgt, das war dummerweise ein deutscher.

Wir sind dann nach Agra weitergefahren, wo der Tadsch Mahal steht. Da kommen natürlich die Hundertschaften Touristen eingeflogen. Das ist wie auf dem Petersplatz in Rom. Dabei haben die alle eine Macke, denn der sieht erst bei Vollmond schön aus. Die ganze Kuppel ist ausgelegt mit Halbedelsteinen, die man in der Sonne merkwürdigerweise gar nicht sieht. Blütenfiligrane klettern die Kuppel hoch, die Blätter bestehen aus Türkisen und Halbedelsteinen. Die Kuppel ist mit Zehntausenden von Steinen ausgelegt, das siehst du eben nur bei Vollmond: Es glitzert und glänzt. Das ist das einzige Bauwerk auf der Welt, das lebt und die Farbe verändert. Es sieht morgens anders aus als mittags oder abends oder nachts, obwohl es aus weißem Marmor besteht. Gebaut hat es Schah Dschahan, ein Mogul. Seine Frau soll eine der schönsten Frauen Indiens gewesen sein, und als sie gestorben ist, bei der Geburt ihres vierzehnten Kindes, baute er ihr den Tadsch Mahal. Mehr als zehn Jahre hat das gedauert. Früher hatte er auch noch riesige Flügeltüren aus solidem Silber, die haben sie abgetragen. Der Mogul wollte sich auf der anderen Seite des Flusses dasselbe Ding in Schwarz bauen lassen, aber dazu ist er nicht mehr gekommen. Sein Sohn hat ihn entmachtet. Der hat das Rote Fort Delhi gebaut und Delhis Große Moschee. Das Rote Fort hat wahrhaft gigantische Ausmaße. Alle Wände bestehen aus Filigranarbeiten mit Rubinen, Saphiren und Diamanten. An den Wänden sind Edelsteine wie die Tapete bei normalen

Bürgern. Der hat sich auch mit seiner Frau bei seiner Krönung in Edelsteinen aufwiegen lassen.
Zu seiner Zeit im 17. Jahrhundert hat fast ganz Indien den Moguln gehört. Schah Dschahan hat auch den Pfauenthron gebaut, der jetzt in Teheran steht, weil die Perser ihn geraubt haben. Der ist auch total mit Edelsteinen ausgelegt. Der Baldachin wurde früher von acht Smaragdsäulen getragen. Nur von diesen acht Smaragdsäulen hat der Nadir Schah seinen Feldzug bezahlt. Dieser Mogul Schah Dschahan war verschwendungssüchtig; dagegen war Ludwig von Bayern ein Waisenknabe. Den Moti Mahal in Agra hat er ebenfalls gebaut. Was wie Gardinen vor den Fenstern aussieht, ist Alabaster. Dort hat er die letzten sieben Jahre seines Lebens im Schlafzimmer seiner verstorbenen Frau verbracht. Er starrte immer nur aus dem Fenster auf den Tadsch Mahal. Sieben Jahre saß er schweigend hinter der Opiumpfeife und starrte auf ihr Grab. Die Kuppel hat angeblich die Form ihrer Brust. Bei Vollmond raubt einem der Anblick den Atem. Am Tag könnte man vielleicht sagen, totaler Kitsch und Zuckerbäckerwerk, aber bei Vollmond ist man sprachlos. Auch architektonisch ist es ein Wunderwerk. Die Kuppel wirft ein 23faches Echo. Unten drin steht sein Sarg, voll mit Mohnblüten.
Indien war zu Zeiten der Moguln eins der reichsten Länder der Welt. Damals waren Hungersnöte unbekannt, von Naturkatastrophen abgesehen. Indien ist erst durch die Engländer kaputtgemacht worden.
Das Wort »Mogul« kommt von den Mongolen. Die Mongolen von Samarkand sind im 13. Jahrhundert in Indien eingefallen und haben dort den Islam etabliert. Genauer gesagt war das Babur, der väterlicherseits von

Dschingis-Khan und mütterlicherseits von Tamalan abstammte. Er ist mit seinen Mongolen über den Khyberpaß gezogen, wo es prompt Streit mit den Pathanen gab. Sie haben ihm 50 000 Mann erschlagen. Danach ist er in Indien eingefallen. Der Mogul Babur war der erste und der Mogul Akbar der dritte Herrscher, der ganz Indien als Einheit beherrscht hat. Davor bestand Indien aus unzähligen Splitterstaaten und regionalen Herrschaftsgebieten, die untereinander Krieg geführt haben. Akbar war ein Weißer. Er hat alle Religionen toleriert, er wollte sogar eine eigene gründen.
Fast alle Monumentalbauten Indiens sind in den 350 Jahren ihrer Herrschaft über Indien von den Moguln gebaut worden. Der letzte Souverän war Aurang Zep. Da standen die Engländer schon in Kalkutta. Aurang Zep sah wohl aus wie Khomeini, jedenfalls auf den Mogul-Miniaturen: genauso ein Bart, ein Turban, eine verblüffend ähnliche Nase. Auch sein religiöser Fanatismus war nicht von Pappe. Der hat einen Hindutempel nach dem andern niederreißen lassen und gewütet wie ein Wahnsinniger. Er wollte nur ein Leichentuch, weil er gesagt hat, man muß Geld sparen, alles Verschwendung. Ein Irrer. Er ließ seinem Bruder den Kopf abhacken und hat ihn an seinen Vater geschickt, eben jenen Erbauer Schah Dschahan, der den Tadsch Mahal hatte bauen lassen und mit seiner Bauwut Indiens Staatskassen leer gemacht hat. Es gab keinen Pfennig mehr. Die ganze Familie hatte Suchtprobleme, nur Aurang Zep nicht. Sein älterer Bruder war ein richtiger Intellektueller, der die Hindu-Bücher ins höfische Persisch übersetzt hat, damit die Moslems die alten indischen Bücher lesen können.
So sind auch die »Upanischaden« nach Europa ge-

kommen. Die hat ein Franzose am Hof der Moguln ins Französische übersetzt und nach Europa mitgenommen. Die »Upanischaden« sind für die Hindus eines der wichtigsten Bücher. Übersetzt heißt es »Geheimwissen« und enthält philosophische Vergleiche der Natur des Göttlichen, aber auch Yoga-Anweisungen. Eine Geschichte daraus geht so: Ein Königssohn kommt und fragt: »Was ist das Selbst, was ist das Brahman oder Atman?« Und der König nimmt aus einer Feige ein Samenkorn und schneidet es auf: »Was siehst du?« – »Nichts.« – »Das ist es, denn aus der Mitte dieses Nichts, wo du nichts mehr siehst, daraus wächst der Feigenbaum. Das ist das Selbst in dir. Das ist die Kraft, die das Universum zusammenhält und bewegt.« Der Atman, der Atem, der Hauch, der Odem, Odin. Die germanischen und indischen Worte dafür sind miteinander verwandt, auch die Hierarchie der Götter und die Mythologie sind ähnlich. Wenn du die nordische Mythologie kennst, verstehst du die indische besser. Die »Upanischaden« sind in dem Sinn wie ein religiöses Buch, nicht wie die »Bagawad Gita«, wo ununterbrochen von Krischna die Rede ist. In den »Upanischaden« tauchen keine Götter auf. Mit Brahman ist nicht der Gott Brahman gemeint. Brahman ist halt das Selbst, die Seele des Menschen.

Zwischen den Mogulhöfen und Europa gab es regen Handel. Das Material für das Schießpulver im Dreißigjährigen Krieg ist von den Moguln geliefert worden. Daran haben sie sich eine goldene Nase verdient. Heute ist es genau umgekehrt: Waffen für die Dritte Welt kommen aus Europa.

Die Engländer konnten das Mogulreich nur übernehmen, weil es schon stark geschwächt war. Als sie begannen, Provinz für Provinz zu erobern, existierte zwar noch ein Mogul, aber der war nur eine Marionette. Er war abhängig von der Gnade des nächstbesten Maharadschas. Jeder hat Krieg gegen jeden geführt, da haben unzählige Diadochenkämpfe gewütet. Ein verrückter Deutscher aus Baden, der sich »Der Mond von Indien« nannte, ist plündernd und mordbrennend mit einer Privatarmee durch das Land gezogen. Aber auch französische Abenteurer haben eigene Armeen aufgestellt und gekämpft. Einer gegen den andern. Zwischendurch sind immer wieder die Afghanen und die Perser eingefallen, die zur Verwüstung des Landes beigetragen haben. 100 Jahre herrschte Chaos. Bis die Engländer kamen und Ordnung schufen. Die englische Kolonialherrschaft hatte nicht nur negative Seiten – so gesehen. Die Briten haben auch Tee kultiviert, das Eisenbahnnetz gebaut und die Bewässerung wieder in Schwung gebracht. Insgesamt gesehen aber haben sie viel von Kultur und Schätzen dieses schönen Landes zerstört.

Witwenverbrennungen und Matriarchat

Auch die Witwenverbrennungen haben die Engländer abgeschafft. Heute allerdings demonstrieren viele Hindu-Frauen wieder dafür, mit ihren verstorbenen Männern verbrannt zu werden; sie wollen das alte Gesetz wieder einführen. Die sind mit ihren Männern auf den Scheiterhaufen geklettert, entweder freiwillig, oder die Leute haben sie so voll Opium gepumpt, daß sie sie einfach hochschieben konnten. Sati heißt dieser Akt der Selbstverbrennung. Die Frau gilt in dem Moment, in dem sie auf den Scheiterhaufen zugeht, als heilig. Wenn du sie berührst, bist du alle deine Sünden los. Sie wird dann auch als Göttin angesprochen. Sie geht unverschleiert, die Haare offen, mit allem Schmuck, rausgeputzt wie eine Maharani: auf den Scheiterhaufen.

Ich habe mal in einer indischen Zeitung eine Fotoserie von diesem Ritual gesehen. Die Leute haben eine Menschenkette gebildet und versucht, die Alte aufzuhalten. Aber sie hat sich da durchgeschlagen und sich ins Feuer geschmissen.

Die Frauen haben in Indien einen sehr unterschiedlichen Stand. Im Himalaja hinter dem Kulutal herrscht noch ein richtiges Matriarchat: Die Frau hat drei, vier Männer, die arbeiten, und sie steht rum und macht andere Kerle an. Ich war mal da. Die schrien mir richtig hinterher. Ich habe das erst gar nicht begriffen. Das war ein ganzer Pulk Weiber, und die fangen an zu toben, und ich denke, was ist denn hier los?

In Kerala gibt es das auch, überhaupt auf vielen Inseln im Süden. Die Atmosphäre dort ist bedrückend. Die Leute sind meist besoffen und depressiv oder offen aggressiv, trotz der schönen Landschaft, ganz eigenartig.

Im Himalaja dagegen hat es mir gut gefallen. Er ist halt nur dünn besiedelt – alle paar Kilometer vier, fünf Häuser.

In Bombay hat mich mal ein Zuckerbäcker mit zu den Tempelhuren genommen, in den Devi-Tempel, wo in eine Marmorplatte der Fußabdruck Krischnas einge-

meißelt ist. Dort waren mehr als ein Dutzend Tempelhuren versammelt, mit teuren Seidensaris, teurem Schmuck. Sie sind zehnmal so teuer wie die Huren auf dem Basar. Der Sadhu, der den Tempel leitet, vermietet sie. Sie sind in den Tantratechniken ausgebildet, können auch Musikinstrumente und Schach spielen oder die heiligen Texte sprechen. Sie führen ein ganz angenehmes Leben.
Eigentlich aber ist Indien ein ungeheuer prüdes Land. Als in einem Film dort erstmalig eine Kußszene gezeigt wurde, sind die Leute alle ausgeflippt. Aber die Sitten wechseln von Provinz zu Provinz. In Goa quatschen dich die Weiber auf der Straße an. Aber Goa ist christlich. Frauen haben dort eine ganz andere Stellung. Sie teilen die Arbeit ein und verwalten das Geld, arbeiten selbst aber nicht. So eine alte Glucke sitzt nur rum, kräht den lieben langen Tag und raucht dicke Zigarren, die sie sich selber dreht. Abends gehen sie alle in die Kirche und brennen Feuerwerkskörper ab, das kannte ich gar nicht aus der katholischen Kirche. Und sie saufen, Männlein wie Weiblein.
In Rajasthan wurden die Frauen früher sogar an der Waffe ausgebildet, genauso wie die Männer. Wenn die Männer in den Krieg gezogen sind, haben die Frauen die ganze Verteidigung und auch die Verwaltung übernommen. Die Nomadenfrauen aus Rajasthan machen einen auch an, sogar wenn die Männer dabei sind.
Ausgesprochen schlecht dagegen geht es den Frauen in den großbürgerlichen Hindu-Familien. Sie werden richtig unter Verschluß gehalten.
Natürlich gibt es auch ganz westlich orientierte Frauen. Die Filmmiezen in Bombay ficken, mit wem sie

wollen, jede Nacht mit dreien, wenn es geht. Das ist genauso ein Sündenbabel wie Hollywood. Da kannst du von Hotel zu Hotel gehen, immer sitzen ein paar von denen drin herum.

Weiter nach Bombay

Der Dicke und ich sind ja die ganze Zeit mit dem Auto gefahren, mit einem wunderschönen Citroën-Kombi. Wir hatten eine Stereoanlage dabei und sogar einen Teppich ausgelegt. Den Wagen kannst du mit der Hydraulik hochpumpen und dann durch die Schlaglöcher fahren. Aber eigentlich ist es nicht gut, in Indien mit dem eigenen Auto zu fahren, wenn du das Land richtig kennenlernen willst. Du bist ja immer an die Karre gebunden, mußt immer aufpassen und in der Nähe bleiben und kommst auch nicht überallhin.
Andererseits haben wir dadurch auch gute Situationen erlebt. Wir hatten die ganze Fahrt über Ärger mit dem Kühler. Und in Rajasthan, mitten auf einer Landstraße zwischen Uudaipur und Mount Abu, bleibt die Karre liegen. Weit und breit kein Mensch, nur Affenhorden. In Indien gibt es aber ein Phänomen: Man ist irgendwo in der Wildnis und kann bis zum Horizont keinen Menschen entdecken, und fünf Minuten später stehen mindestens fünf Leute rum, kein Mensch kann erklären, wo die plötzlich hergekommen sind. Indienreisende erzählen oft davon. Mit einem Male stehen also eine Frau vor uns, eine Rajasthani, und ein junger Mann. Die haben alle Hakenkreuzketten um den Hals

tätowiert, und auch die Hände voll mit Hakenkreuzen. Das sind die fanatischen Hindus. Die Frau hat uns immer angestarrt. Ich sage zu dem Jungen »Pani«, Wasser. Er ist auch mit mir losgezogen über einen Berg in sein Dorf. Da hatten sie noch nie einen Weißen gesehen. Sie sind alle zusammengelaufen und guckten ganz scheu. Denen war ich richtig unheimlich. Sie hatten einen Brunnen, der Junge hat Wasser geholt, und ich habe ihm dabei geholfen. Dabei ist mir ein Einwegfeuerzeug, so ein durchsichtiges mit Blumen drin, aus der Tasche gefallen. Ich habe raufgedrückt, und bei der Flamme, au, da ist das ganze Dorf ausgeflippt. Ich sagte: »Okay, ich gebe dir das Feuer, du gibst mir das Wasser, ist ja ein ganz elementarer Tausch.« Dann habe ich ihm erklärt, wie man so ein Ding überhaupt bedient. Er war richtig stolz mit seinem Feuerzeug und ich ganz froh mit meinem Wasser. Ich bin zurückgegangen, wir füllen den Kühler auf und schlagen die Autotür zu, da kommt auch ein Trupp Affen und trampelt über das Auto. Hier – in Europa im Zoo – finden die Leute Affen lustig. Ich finde sie überhaupt nicht lustig. Das ist ein ganz blödes Affenvolk, ein ganz bösartiger Verein. Die klauen und machen alles dreckig und werden aggressiv und rotzfrech. Es ist nicht auszuhalten. Und sie sind auch noch heilig, für die gibt es Tempel noch und nöcher.
Dann sind wir weitergefahren nach Nagpur, das ist auch so ein Hindu-Zentrum, eine heilige Stadt, und durch Gutschariat, Ahmadabad. Gutschariat ist so flach wie die Poebene. Alles grün, überall Obstbäume. Eine ziemlich eintönige Landschaft. Hier wird eine eigene Sprache gesprochen: Gutscharati. Die Einwohner sind zu etwa gleicher Anzahl Moslems und Hin-

dus. Da gibt es immer Unruhen, aber sonst ist nicht viel los. Mahatma Gandhi kommt aus Ahmadabad. Das ist ein größeres Nest an der Küste mit sehr viel Industrie: chemische Industrie und Stahlwerke. Vor der Stadt liegt ein See, darum herum alte, halbverfallene Moscheen, aber auch alte Bäume. Da kriegt man guten Fisch.

Dann kommt man schon in die Berge rein, in den Urwald, bis man nach etwa zwei Tagen Bombay erreicht. Diese Berge, die Gats, teilen Indien in Nord und Süd. Das ist eine richtige Banditengegend.

Bombay ist tropisch-heiß. Die Stadt ist an Buchten entlang gebaut. Es gehen immer Landzungen ins Meer raus, das sind die einzelnen Stadtteile: etwa Kolaba und Malaba. Malaba steht voller alter Holzhäuser. Dort wohnen die alteingesessenen Reichen, meist Parsen und Inder.

In Bombay sind alle erdenklichen Religionen vertreten: Jede Sekte, die du dir auf diesem Erdball vorstellen kannst, hat da irgendwo einen Tempel oder eine Kirche oder irgendein anderes Zentrum. Und Bombay ist die reichste Stadt Indiens. Wirtschaftlich wird das Land von Bombay aus regiert. Da hockt das ganze Geld: nicht nur die Filmbranche, auch die ganze Großindustrie, zumindest die Verwaltung der Großindustrie.

Jeden Tag ziehen 5000 Leute neu nach Bombay. Im Jahr 2000 wird das nach den Prognosen die volkreichste Stadt der Welt sein.

In der Mitte der Stadt stehen englische Bauten. Victoria Station Bombay ist eine Mischung zwischen Winchester Cathedral und Tadsch Mahal, auf zwei Kilometer Länge gestreckt. Ein irres Bauwerk.

Es ist eine Stadt der Superlative. Im Hafen siehst du alle möglichen Schiffe: Dschunken, arabische Daus, Kriegsschiffe, Tanker, Supertanker, Container. Natürlich gibt es -zig Luxushotels. Jede Art von Armut und jede Art von Reichtum. Und die höchsten Immobilienpreise. Eine Wohnung ist dort teurer als in New York. Auch wenn du ein Apartment mietest, im Marien-Drive zum Beispiel, zahlst du 100 Mark am Tag oder so einen Irrsinn. Ein Hotel ist da billiger.
Es gibt Hotels aller Klassen: In den Hippie-Hotels von Kolaba wohnen sowieso nur Weiße. Die Hotels im Basarviertel sind wie überall in Indien. Bloß die meisten Europäer wollen ja nur unter sich bleiben in ihrem Getto, ob Hippies oder Geschäftsleute.
Ich habe mich dort mit Leuten aller Schattierungen unterhalten, bis hin zu CIA-Agenten, Generälen und Sicherheitschefs von Flughäfen. Ich bin auch bei allen möglichen Leuten zu Gast gewesen: bei einem Karateausbilder der Polizei, bei Archäologen, deutschen Professoren, Neckermann-Touristen.

Bombay ist meine Stadt

Jeder Mensch, der viel reist, sagt irgendwann: das ist meine Stadt. Für mich ist das Bombay. Ich finde, das ist die faszinierendste Stadt. Wenn du Geld hast, kriegst du dort alles, und sei es Bismarckhering oder Schwarzwälder Kirschtorte. Das ist gar kein Problem. Eisbein mit Sauerkraut kriegst du schon an jeder Ecke in Bombay, aber auch Kasseler Rippchen. Alles, was du zum Essen bestellst, kriegst du.

Am Church-Gate gibt es ein Schmuggler-Hotel, eines der besterhaltenen Jugendstilbauten überhaupt, mit Säulchen und eingebauten Aquarien. Dort kaufen sie die Schmuggelware von den Schiffen auf.
Manchmal erinnert mich Bombay an Berlin. Manche Stadtviertel sehen aus wie Steglitz oder Schmargendorf. Frag mich nicht, warum. Das muß in derselben Zeit gebaut sein. Diesen Stil haben die Engländer dort eingeführt.
Es gibt Straßen, da leben nur Waisenkinder. Sie schlafen zusammen und passen aufeinander auf. Sie gehen am Tag betteln und teilen am Abend das Essen. Das ist wie eine kleine Kinderkommune mitten auf der Straße. In Südamerika gibt es dieses Phänomen auch, in Bogotá zum Beispiel. Aber die sind ausgesprochen abgebrüht und gefährlich kriminell. Die Inderkinder nicht. Die werden nicht brutal und reißen den Leuten die Sachen aus der Hand.
In Bombay kannst du die ganze Nacht rumlaufen, und es passiert dir nichts. Nicht mal einer Frau, die allein unterwegs ist. Meine Freundin ist jede Nacht durch die Stadt allein nach Hause gegangen, ins Hotel. Es gibt auch viele Hippie-Bräute dort, die selbständig unterwegs sind und die in Bombay nachts ganz ruhig durch die Straßen gehen. Obwohl es da voll ist von Leuten, die alle am Hungertuch nagen. Sie betteln eben nur. Ich habe auch auf der Straße geschlafen und bin nicht ein einziges Mal beklaut worden.
Die Falkland Road ist ein richtiges Ereignis. In dieser Straße leben schätzungsweise 30 000 bis 50 000 Prostituierte. Da siehst du die Kulis angerannt kommen mit ihren Karren. Die lassen sie stehen, rennen mit irgendeiner Tussi hinter den Vorhang, kommen nach zwei,

drei Minuten wieder raus, rennen mit der Karre weiter. Lauter solche Einsätze.

Ich bin mit meiner Freundin durch diese Straße gelaufen, das war Spießrutenlaufen: sie sieht nämlich aus wie eine Orientalin, wenn sie braungebrannt ist, und die Leute dachten, sie ist eine Inderin, die sich einen Europäer geangelt hat. War das ein Tumult. Als Typ kannst du dort allein durchgehen. Sie schreien zwar alle und toben und zerren an dir, aber es geht.

Auch in der Grand Road wimmelt es von Prostituierten, in den Nebenstraßen auch. In einer Straße sind nur Transvestiten. Das ist ein riesiges Viertel: in der Fort-Area gibt es nur Huren und Opiumhöhlen und Kinos und Teeshops.

Darum kommen auch viele Araber dorthin: In deren Ländern gibt es ja keine Puffs und keinen Alkohol. Die gehen am liebsten nach Bombay, um sich auszutoben. In Bombay können sie auch auf der Straße sitzen und schwatzen oder eben schlafen und herumhuren. Wenn sie einen Stoff im Basar entdecken, der ihnen gefällt, kaufen sie nicht etwa ein paar Meter, sie kaufen die ganze Rolle. Sie kommen rein in den Laden: »Wieviel kostet es? Ich zahle das Doppelte.« Irre, wie die sich aufführen. Die Inder sind schon sauer, weil die Araber die Preise verderben. Wenn der Monsunregen einsetzt, flippen sie völlig aus, denn Regen kennen sie nicht. Jeder kauft sich einen neuen Regenschirm. In einer Basarstraße gibt es nur Regenschirme. Das sind ganz große Schweinedinger, weil die Farbe rausläuft, wenn es regnet. Die Araber haben alle weiße Kediven an, und dann läuft die schwarze Farbe auf ihren weißen Outfit. Überall haben sie schwarze Streifen, wenn sie durch den Regen gelaufen sind. Und wenn du zusammen mit Arabern in einem Hotel bist, wirst du den ganzen Abend eingeladen. Jeder will dir zeigen, was er tagsüber im Basar gekauft hat. Früher sind sie mit ihren Daus zum Schmuggeln gekommen, heute schweben die Neureichen per Flugzeug ein und toben sich aus.

In einer solchen riesigen Industriestadt gibt es natürlich auch ein richtiges Industrieproletariat. Die Leute wohnen oft zu fünfen oder sechsen in einem Zimmer. Sie hausen wie Tiere. Die größte Baumwollindustrie der Welt sitzt in Bombay: Hunderttausende von Spinnereimaschinen werden dort betrieben. Viele Baumwollklamotten, die überall auf der Welt getragen werden, kommen von dort. Indien ist der größte Textilproduzent der Welt.

Manchmal werden die Textilarbeiter militant. 1987 geht der große Textilarbeiterstreik in Bombay schon ins zweite Jahr. Massenarbeitskämpfe mit Straßenschlachten und Toten. Manchmal herrscht drei, vier Tage Ausnahmezustand, wenn Eisenbahnzüge umgekippt werden oder die Stadt aus anderen Gründen im Chaos versinkt. Ein Kumpel von mir konnte mal tagelang sein Hotel nicht verlassen.

Bombay heißt eigentlich »Schöne Bucht«, aber schon am Flughafen beginnen die Slums. Kilometer für Kilometer nur Wellblechbaracken neben Papphäusern und Sackzelten – übervölkert, wie man sich das in Europa nicht vorstellen kann. Auch aus Cola-Dosen werden Häuser gebaut: Die Dosen werden aufgeschnitten, flachgewalzt, und dann auf starke Pappe genagelt. Das hält immerhin den Regen ab. Es gibt aber auch fertig genormte Teile zu kaufen. So ein Haus kostet vielleicht 50, 60 Mark. Aus Palmwedeln kostet

es zwischen drei und fünf Mark. Das kann man sich auch an den Strand bauen lassen. Nach einer halben Stunde steht so ein Ding.
Dieses Großstadt-Menschengewühl peitscht einen manchmal so auf, daß man richtig euphorisch wird. Nach Feierabend rennen die Inder mit Kind und Kegel auf die Straße. In der letzten halben Stunde vor Sonnenuntergang geht es zu wie in einem Science-fiction-film: Leib an Leib. Man kommt nicht mehr durch. Du mußt eine Richtung einschlagen und dich treiben lassen, anders geht es nicht. Nach Einbruch der Dunkelheit wird es wieder ruhig.

Mystik und Opiumhöhlen

Einmal bin ich mit einem Sadhu durch Bombay gezogen. Zwei Engländerinnen sind auch mitgetippelt, die hatten fast nichts mehr an und sahen schon richtig verwildert aus, wie hinduistische Nonnen.
Der Sadhu war ein freundlicher alter Mann, er hat immer gelächelt. Das war 1977, und viele Leute waren unterwegs zur Kumb Mela, zehn Millionen Menschen sind da zusammengekommen. Denn wer dorthin kommt, dem werden alle Sünden vergeben, der Ganges wäscht sie gewissermaßen ab. Indira Gandhi war auch dort und hat einen Vortrag gehalten. Deshalb wollte ich da nicht hin, sonst wäre ich mitgezogen.
Ein halbes Jahr später war sie weg vom Fenster. In der Wahlnacht, der Nacht ihrer Niederlage war ich auch in Bombay. Da war richtig was los. Da haben sie in den

Straßen getobt und getanzt, wie Karneval, samt Keilerei mit der Polizei. War schon eine gruselige Zeit gewesen, sie hat die Slumsiedlungen einfach niederreißen lassen. Morgens sind sie mit Bulldozern gekommen und haben die Leute auf Lastwagen gepackt, einfach rausgefahren in die Wüste und die Slums niedergewalzt. Und auch diese ganzen Sterilisationskampagnen: Da hatten sie Zelte an den Straßenecken aufgebaut mit Soldaten davor, die haben sich wahllos Leute rausgepickt, sie mit einem Gewehrkolben reingetrieben und sterilisiert.

Im Basar von Bombay gab es eine Gauklertruppe. Folgender Trick war sehr beliebt. Ein Korb umgedreht auf der Erde, der Gaukler zeigt, es ist nichts drunter, und ein niedliches kleines Mädchen in einem grünen Kleidchen sammelt Geld ein. Und dann sagt der Gaukler lauter Beschwörungsformeln auf, spritzt Wasser auf den Korb, hebt ihn hoch, und da ist das kleine Mädchen drunter. Als die Vorstellung zu Ende war, sagt so ein Alter mit einem rotgefärbten Bart und einem wilden Turmbau von langen Haaren zu mir: »Komm mal her!« Er schüttelt mir die Hand: »Guten Tag.« Dann geht er mit der Hand über meine Hand, in der Höhe von vielleicht drei Zentimetern, und hält mir die unter die Nase, und sie riecht plötzlich nach Rosen. Ehrlich. Das ist eine Woche lang nicht abgegangen.

Ich habe zu dieser Zeit in einer Opiumhöhle gewohnt. Die Inder dort sagten: Du hast einen getroffen, der im Samadhi ist, der die Vollendung erreicht hat, also das Höchste, was ein Inder erreichen kann. Diese Leute können auch Sachen materialisieren und Wunder vollführen.

Opiumhöhlen sind auch so etwas wie soziale Treffpunkte in Basarvierteln. Meistens sind das einstöckige längliche Holzhäuser mit Fenstern zur Straße und Läden untendrin. Man geht an der Seite eine Treppe hoch und kommt in den ersten Stock, wo überall Zimmer abgehen, und in jedem Zimmer ist irgendwas anderes los. Im ersten sitzen zum Beispiel lauter kleine Jungen und sticken Muster in die Saris, weil sie kleinere Hände als die Erwachsenen haben. Im nächsten Raum sitzt ein Schuhmacher, und wieder im nächsten einer, der mit einer Druckerpresse irgendwelche Einladungskarten druckt. Etwas weiter meditiert irgendeine Sekte, und ab und an wohnt in diesem wahnsinnigen Durcheinander eine ganz normale Familie! Irgendwann triffst du dann auf ein paar Typen, die herumliegen und Opium rauchen. Später habe ich immer dort gewohnt, wenn ich in Bombay war, das hat mir das Hotel erspart. Ich bin frühmorgens mit den alten Mamas aufgestanden und habe auf dem Markt gegenüber das Frühstück geholt. Das Ganze ist wie eine Art Kneipe, da kommen manche vormittags, manche nachmittags, manche zum Rauchen, manche zum Rumsitzen und Teetrinken und Quatschen. Inzwischen sind die »Opiumhöhlen« allerdings im Zuge der Modernisierungskampagne von Radschiw Gandhi geschlossen worden. Unter Indira Gandhi waren sie ebenfalls geschlossen.

Man sieht ihnen von außen nicht an, was drinnen passiert. Aber auf der Straße wird man vielleicht angequatscht, ob man Shandu rauchen will. Das ist ein siruparties Opium, das mit dem Inhalt der alten Opiumflasche zusammen vermixt, noch mal eingekocht und gefiltert wird. In der Opiumhöhle kann man sich langlegen, in der Mitte ist ein Tablett mit einer kleinen Kokosnußfett-Lampe, daneben sind viereckige, kleine ausgehöhlte Messingschälchen mit jeweils einem Gramm Shandu, wo mit einer Nadel so lange drin rumgerührt wird, bis der Sirup Blasen schlägt. Das wird am Pfeifenrand abgedrückt. Die Pfeife ist ein langes Bambusrohr mit einem kegelförmigen Kopf, in dem ein kleines Loch ist. Dort wird dann die Nadel reingesteckt. Das Zeug muß so hart sein, daß die Nadel wieder rausgezogen werden kann und das Loch nicht verklebt. Nicht jeder kann eine Opiumpfeife herrichten, das ist eine ziemlich komplizierte, langwierige Angelegenheit. Nicht wie die europäischen Junkies: einmal durchgeschüttelt, rein in die Vene, zack. In einer Opiumhöhle ist eine ganz ruhige Atmosphäre, die Leute unterhalten sich, leben ihren Rausch aus und gehen nach Hause.

Manchmal bin ich auch in einen Hindutempel gegangen und hab mich mit den Sadhus unterhalten. Die haben mir die ganze hinduistische Mythologie erklärt. Warum Schiwa und die ganzen Götter so und nicht anders aussehen, das hat alles eine tiefere Bedeutung. Und so ein Tempel gibt die Gesellschaft in Miniaturausgabe wieder. Er dient als Waisenhaus, Armenhaus, Schule, Handelsort, alles mögliche. Auch heilige weiße Kühe finden sich ein, weil sie da immer durchgefüttert werden.

Menschenmassen

Bombay hat zehn Millionen Einwohner, und jeden Tag kommen 5000 Leute irgendwo aus Indien dazu. Es wimmelt von Menschen. Jeder Bürgersteig ist belegt mit Leuten, einer neben dem andern. Sie schlafen dort nachts in einem Stadtbezirk, der ist so groß wie Berlin. Nachts läufst du immer an schlafenden Leuten vorbei, das ist wie in einem surrealistischen Alptraum. Manche kommen hoch, wenn sie dich hören und betteln dich an. Es gibt alle sozialen Abstufungen: Einer hat nur noch ein Lendentuch und sonst gar nichts, der nächste hat schon ein Lendentuch und ein Hemd, der dritte hat Hemd, Lendentuch und eine Zeitung, der vierte hat Zeitung, Lendentuch, Hemd und noch einen Schal, mit dem er sich zudecken kann. Und so geht es weiter bis hin zu dem, der einen Anzug an der Hauswand auf einem Bügel hängen und einen James-Bond-Koffer neben seinem Bett stehen hat und auch einen kleinen Nachttisch mit einer Lampe, damit er die Börsennachrichten in der Zeitung lesen kann. Er wohnt auf der Straße, ist aber Bankbeamter.

Die Wohnungsnot ist ungeheuer. Dort gibt es keine Hausbesetzung mehr, nur noch Balkonbesetzungen. Du kommst frühmorgens auf den Balkon, und da kocht eine ganze Familie Tee. Solch eine Überraschung kannst du da erleben. In Bombay leben einfach doppelt so viele Leute wie eigentlich hineinpassen. So schnell können die gar nicht bauen, wie dort Leute hinziehen.

Manche Europäer verlassen deshalb ihr Hotel gar nicht erst. Es reicht ihnen, was sie auf der Fahrt im Taxi durch die Stadt gesehen haben. Ich bin am An-

fang auch zusammengezuckt, bei so viel Elend. Aber mit der Zeit, so irre das klingt, habe ich mich daran gewöhnt.
Ich habe dort oft im Basarviertel gewohnt, nicht in Kolaba, wo die Europäer sind. Ich war da der einzige Weiße weit und breit. Am Crawfort Market, wo ich auch mal gewohnt habe, lebte ein alter Opa mit seiner vierjährigen Enkelin. Die haben dort jede Nacht auf dem Gehweg geschlafen. Ich hab ihnen jeden Abend aus dem Teeshop gegenüber ein Essen spendiert. Das ist die einzige Form, wie du helfen kannst. Du kannst nicht jedem Bettler Geld geben. Außerdem sind sie alle »organisiert«: Sie liefern ihre Einnahmen bei einem Typ ab, der sie gemietet hat. Und wenn du einem eine Münze rüberreichst, sind plötzlich Hunderte um dich rum, die du nicht mehr loswirst. Alle rennen dir hinterher und schreien »Peissa« und »Bakschisch«. Plötzlich kommst du dann überall mit Anhang an, mit einem ganzen Fanklub. Das geht nicht. Du mußt dir irgendwelche Leute ausgucken und denen Essen besorgen, kein Geld. Damit kannst du zwei oder drei Leuten helfen, je nachdem was du gerade so übrig hast.
Ab und zu spendierst du mal was, okay, auch in den Tempeln. Du gehst auf ein kleines Podest im Tempelinnenhof und läutest eine Glocke, und im Nu hast du so ein Meer von braunen Händen vor dir. Das ist eine ziemlich verrückte Erfahrung.
Am 24. Dezember 1975 war ich auch in Bombay. Zuerst haben wir in der Hotelbar gesoffen, und dann sind wir in die Schokolatsi Street, ins Puffviertel. Die anderen sind in einen Puff und in eine Opiumhöhle gerannt, und plötzlich stehe ich allein an einer Ecke. Auf

dem Boden neben mir liegt ein ausgemergelter Mann, der zuckt und stirbt gerade. Und direkt daneben, eine Minute später, kriegt eine Frau ihr Kind, mitten in diesem Dreck. Ich schreie nach ein paar Frauen, sie sollen bitte helfen. Ich bin ja nicht die geborene Hebamme. Ich bin schon schon fast in Panik geraten. Und dann gucke ich an mir runter und denke, warum sind meine Füße so naß? Da sitzen vier kleine Kinder mit aufgeschwollenen Bäuchen und küssen mir die ganze Zeit die Füße, damit ich ihnen irgendwas zu essen kaufe. Da bin ich fast durchgedreht. Ich hab ihnen Geld gegeben, und als die anderen kamen, hab ich gesagt: »Paßt auf, jetzt feiern wir richtig Weihnachten im Sheraton-Hotel, im polynesischen Restaurant. Holt die schlimmsten und häßlichsten Huren von der ganzen Straße und alle Junkies auch noch.« Wir haben einen Konvoi von Taxen zusammengestellt und diese armseligen Figuren in das Luxushotel fahren lassen. Na, die guckten aber. Wir haben richtig losgelegt, mit den Händen gegessen, gesoffen, das Essen ins Gesicht geschmiert. Die einen machten sich einen Druck, die anderen fickten unter Tischtüchern. Wir saßen da und haben darauf gewartet, daß endlich mal einer einen Ton sagt. Nichts. Die Europäer haben alle peinlich berührt weggeguckt, und die Inder haben uns mit eiskaltem Gesicht bedient. Die ganze Zeit lief »Stille Nacht, heilige Nacht«. Köstlich. Irgendwann wurde es ihnen doch zuviel. Da kam eine ganze Ladung Bullen und hat uns rausgeschmissen. Wir haben draußen weitergefeiert.
Einmal hätte ich in Bombay beinahe einen Hitzschlag gekriegt. Da habe ich bei über 50 Grad im Schatten an der Ampel gestanden. Da kriegt man wirklich einen

Knall, das saugt aus, brennt einen richtig weg. Ich habe nur noch in die Sonne gestarrt, bis eine Inderin das mitkriegte und mich in einen Hauseingang reinschubste, in den Schatten. Ich hatte als Kind mal einen Sonnenstich, ich weiß, wie das ist. Wenn man anfängt, in die Sonne zu starren, fängt sie sich irgendwann an zu drehen, und man fällt um.

Zwei Jahre später ist genau an der Stelle einer am Hitzschlag gestorben. Der wurde auch gesucht, wegen irgendwelcher Dope-Geschichten. Er hatte auch genauso wie ich einen falschen englischen Paß dabei. Das englische Konsulat sagte, nein, den Mann kennen wir nicht. Darauf die Inder: Dann müssen Sie warten, bis das BKA kommt. Ich bin mit noch zwei Typen, die ich von Berlin kannte, in das Leichenschauhaus gefahren und habe ihn identifiziert. Wir haben ihn mitgenommen und aus einer Apfelsinenkiste einen Sarg zurechtmachen lassen. Einem Pfarrer von einer englischen Sekte haben wir Geld gegeben. Der meinte dann, okay, er kann hier begraben werden.

Und dieses Leichenschauhaus, na, Servus. Da liegt ein Haufen Leichen, bei denen schon das ganze Leichenwasser rausgelaufen ist, Ratten rannten drüber, keine Klimaanlage, ein Gestank da drin. Wir mußten uns Tücher vorbinden und eine ganze Hand voll Räucherstäbchen anzünden und direkt unter die Nase halten. Sonst wäre man da drin umgekommen.

Und einmal habe ich fast einen Militäreinsatz in einem Atomkraftwerk miterlebt.

Ich hab quasi auf einer Bombe gesessen. Das AKW-Wachpersonal von Taranpur, das liegt ein Stückchen außerhalb von Bombay, war in Streik getreten. Die Behörden sagten, wenn ihr nicht aufhört zu streiken, dann schicken wir die Armee. Und so kam es auch: Die haben sich in und um dieses Atomkraftwerk richtige Schlachten mit Handgranaten und Maschinengewehren geliefert. Es gab über 40 Tote. Das stand am nächsten Morgen ganz lapidar in den Zeitungen. Wir haben damals in einem Hotel gewohnt, von wo man das Ding am Wasser sehen konnte. Im AKW rumgeschossen – da hat doch keiner Ahnung, was da alles passieren könnte!

Kühe und Ratten

In Indien gibt es 250 Millionen Kühe, nur heilige Kühe. 125 Millionen wären ja vielleicht noch sinnvoll wegen der Milch. Aber 250 Millionen können halt nicht gefüttert werden. Die sind halbverhungert und geben gar keine Milch mehr. Na gut, in den Städten fressen sie den ganzen Dreck auf. Sie sind wie wandelnde Müllschlucker. Indische Städte sind durch die heiligen Kühe noch sauberer als die pakistanischen. Die fressen Zeitungspapier, alles. Aber auf dem Land fressen sie die ganze Saat auf und richten nur Schaden an. Ihnen tut ja keiner was. Die Biester sind auch aggressiv, die wissen das genau. Wenn du Faxen machst und sie anschreist, werden die pampig, schütteln den Kopf und gehen auf dich los.
Und dann die Ratten. Sie sind auch heilig. Kein Hindu traut sich, eine Ratte anzurühren. In Rajasthan gibt es einen richtigen Rattentempel. Der hinduistische Elefantengott reitet nämlich auf einer Ratte. Dort werden die Ratten auf silbernen Tabletts mit rohem Fleisch, in

süßem Joghurt eingelegt, gefüttert. Das kostet im Jahr eine Viertelmillion Dollar. In Bombay hat die Rattenplage unvorstellbare Ausmaße angenommen. Die Viecher sind groß wie Katzen. Einmal habe ich gesehen, wie sechs Ratten eine Katze fertiggemacht haben. Sie haben einen Halbkreis gebildet und sind wie auf Kommando losgesprungen, zack, weg war sie, und wurde auch gleich aufgefressen. Nicht einmal Schlangen haben eine Chance gegen Ratten. Eine Ratte startet den Angriff, der Rest folgt.

Zwischen den Hauswänden und Brandmauern ist die Toilette für die Leute in Bombay. Da gehen alle jene scheißen, die auf der Straße wohnen. Und nachts, wenn du da reinguckst, bewegt sich ein Teppich von Ratten: Leib neben Leib. Du siehst nur noch Felle. Das glänzt und bewegt sich alles, wenn da ein bißchen Straßenlicht reinfällt. Tausende wühlen da im Dreck.

Die ganze Stadt ist voll. Überall huschen sie dir über die Füße, rennen an dir vorbei, flitzen über die Slumdächer. Da krabbelt und wimmelt es. Du wirst wahnsinnig. Wenn du auf der Straße schläfst und ein Glas Wasser neben dir hast und dich umdrehst, im nächsten Augenblick hörst du sie schlürfen. Sie rennen auch einfach über dich rüber. Auch in die Holzhäuser der Basare kommen sie rein, denn die haben keine Scheiben. Du mußt alle Lebensmittel zudecken, sonst gehen sie ran. Sie versuchen auch immer, die Teller wegzuschieben, denn das sind richtig kräftige Tierchen.

Bombay hat mehr Ratten, als es in der Bundesrepublik Menschen gibt: fast 80 Millionen. Jede Nacht läuft ein Trupp rum, der erschlägt so 4000 bis 5000 Tiere mit

Knüppeln – Sikhs oder Mohammedaner, die Hindus würden das nicht machen. Mit Giftauslegen ist nichts, denn überall liegen Leute. Das ist ein richtiger Teufelskreis.
Aber wenn es noch einen natürlichen Feind des Menschen gibt, dann ist es die Ratte. Diese Art hat sich in den letzten 500 Jahren der neuzeitlichen Gesellschaft unglaublich angepaßt. Sie sind so flexibel, daß ihnen offenbar nicht einmal giftiger Müll etwas anhaben kann.
Mehr als 20 Milliarden gibt es auf der Erde.
Wenn du nachts an den Getreidespeichern von Bombay vorbeiläufst, denkst du, da schreiben Sekretärinnen Schreibmaschine. Das sind die Kiefer von Zehntausenden von Ratten, die das ganze Korn wegfressen. Rings um die Speicher ist Rattenloch neben Rattenloch, die Erde sieht aus wie ein Schweizer Käse.
Tagsüber kreisen über den Städten Hunderte von Mäusebussarden. Da siehst du, wie sie runterstürzen. Wupp, haben sie eine Ratte, fliegen aufs nächste Dach, hauen mit dem Schnabel das Genick durch, und dann ab in ihren Horst. In Indien läßt man wirklich jede Kreatur leben. Besonders extrem sind die Dschainas: sie haben den Mund zugebunden, damit sie keine Bakterien verschlucken. Sie fegen vor jedem Fußtritt alles beiseite, bewegen den Fuß nur ein ganz kleines Stückchen, fegen wieder für den nächsten Schritt. Damit sie ja nicht auf eine Ameise oder irgendwas anderes treten. Sie haben sorgar Krankenhäuser für Spatzen, die sich die Flügel gebrochen haben, und lauter so Wahnsinn. Oder sie füttern die Läuse mit ihrem eigenen Blut. Sie haben eine Matte dabei, die ist voller Läuse. Darauf legen sie sich, damit die auch genug

Blut kriegen. Die Dschainas sind auch diejenigen, die die eigene Hand zur Faust schließen, bis nach einigen Jahren die Fingernägel oben aus dem Handrücken wieder rauswachsen. Für sie ist das Ideal, gar nichts zu tun. Manche setzen sich einfach hin, hören auf zu essen und versuchen, nicht mehr zu atmen. Für sie gilt die Lehre, daß alles aus Atomen besteht, das ganze Weltall. Wenn du jetzt durch irgendeine hastige Bewegung die Luftatome durcheinanderbringst, dann störst du die universelle Ordnung und bereitest dir selber ein schlechtes Karma. Die stellen sich vor, das ganze Universum sei der Körper einer Frau. Du fängst an den Fußsohlen an und gehst ganz langsam hoch, Reinkarnation für Reinkarnation. Und je weniger du durcheinanderbringst, desto besser und reiner war deine Inkarnation, desto schneller steigst du auf. Fängst du aber jetzt an, Maulwürfe auszubuddeln und zu erschlagen, geht es wieder rückwärts. Du mußt aus dem Kopf rauskommen, aus dem Gehirn, über die Götter selber rübersteigen. Du mußt mehr werden als Gott und dich völlig auflösen.

Ihr Chef trug den Ehrentitel Mahawira, »großer Held«, und Dschina, »Sieger«. Der war ein Zeitgenosse Buddhas. Buddha und er haben sich getroffen in Aschram und einander eine ganze Nacht lang gegenübergesessen und sich angesehen, keiner von beiden hat ein Wort gesagt. Frühmorgens sind sie wortlos wieder aufgestanden, der eine ist nach links gegangen, der andere nach rechts. Sie haben da jeweils ihre Religionen gepredigt. Gandhi war übrigens einer von diesen Dschaina-Asketen, Bhagwan Shree Rajneesh auch. Die haben einen Hang zum Fanatismus und zur totalen Entsagung.

Die Hippie-Kolonie Goa

Goa liegt südlich von Bombay an der Küste. Bis 1959 war es portugiesisch. Erst Nehru hat es Indien gewaltsam einverleibt. Die Goaner sind auf die Inder nicht gut zu sprechen, denn seitdem geht es ihnen sehr viel schlechter. Unter portugiesischer Herrschaft ging es ihnen – materiell gesehen – besser. Jetzt müssen sie mehr Steuern zahlen. Und die Inder wollen den Alkohol verbieten. Da haben sie schon richtig offen gemurrt.

Die Strecke Bombay–Goa bin ich bestimmt 20- bis 30mal gefahren. Jedesmal wenn ich in Goa war, bin ich etwa alle drei Wochen nach Bombay gefahren, weil ich zur Bank oder Post mußte. Das sind etwa 650 Kilometer. Auf die angenehmste Art fährt man mit dem Goa-Boot. Das geht in Bombay jeden Morgen um sieben oder acht Uhr los und fährt genau 24 Stunden. Damit bist du am nächsten Morgen in Goa. An Bord ist es nicht so heiß wie sonst überall.

Daß Goa so eine Hippie-Hochburg wurde, ist einem Menschen zu verdanken, der früher mal Stock Broker in der Wall Street war und sich »Eight Finger Eddie« nannte, weil er nur noch acht Finger hatte. Er sah ein bißchen wie Frank Zappa aus, vielleicht ein bißchen gutmütiger. Der hat etwa 1968 Goa für sich entdeckt. Erst saßen die ganzen Freaks in Kabul, dann in Delhi, dann schon in Bombay. Dieser Treck ist langsam in Indien eingesickert. Und »Eight Finger Eddie« war als erster Freak in Goa. Danach ist er in die Hotels in Bombay zu den ganzen Amis, hat gesagt, Wahnsinn, da müssen wir alle hin, das ist ein Paradies. Zu der Zeit waren überhaupt keine Fremden da, nur freund-

liche Fischer, die da an ihren unberührten Palmenstränden gewohnt haben.
Als wir ankamen, lebten dort ein paar hundert Hippies. Nicht so wie jetzt, wo dort wirklich Tausende gewissermaßen überwintern. Es gibt ja schon einen Direktflug München–Goa, und ein Touristenhotel namens Tadsch Mahal, in Port Aguada. Das ist ein Stück weiter weg von den Stränden, wo die Hippies und Freaks herumhängen.
Überall sind riesiglange weiße Palmenstrände, aber zwischendurch gehen immer wieder Felsen ins Meer und unterteilen den Strand. Jeder Strand zwischen zwei Felsen hat einen anderen Namen. Die Freaks waren in Baga. Der Strand dort ist lang, ein paar Kilometer. Dann Anjuna, das eigentliche Zentrum.
Goa ist im Gegensatz zum restlichen Indien relativ wohlhabend – eine für Indien gänzlich untypische Region. 90 Prozent der Goaner sind Christen. Die Architektur ist portugiesisch beeinflußt, überall stehen weiße kleine Barockkirchen. Die Leute haben fast alle Häuser mit Gärten, einstöckige Häuser mit spitzen Dächern, nicht mit Flachdach wie im restlichen Indien. Und sie trinken alle Alkohol, nehmen aber sonst keine Drogen.
Goa war der Treffpunkt. Da hast du halb Berlin getroffen, die ganze Berliner Scene war da. In der halben Stunde nachdem wir angekommen sind, habe ich ungefähr 20 Berliner Bekannte getroffen. Da kam einer nach dem andern und hat mir die Hand geschüttelt. »Schön, daß du auch da bist.« Wir hätten eigentlich alle auf dem Ku'damm sitzen bleiben können. Na, ich nicht.
In Goa geht man erst mal schwimmen, möglichst früh-

morgens, denn tagsüber wird der Sand derartig heiß, da kannst du nur mit Sandalen gehen oder nur nah am Wasser.
Einmal die Woche, sonntags, war immer Flohmarkt. Die Leute hatten Ahnung. Einer war in Nepal gewesen, der andere in Thailand, der dritte im Swat Valley und der vierte in Kaschmir, der fünfte in Iran, und jeder hat Sachen mitgebracht und ein bißchen Geld mit dem Verkauf verdient. Ich selbst hatte noch ein bißchen Geld vom Honorar für mein erstes Buch.
Es gab dort Amis, Engländer, Holländer, Deutsche, ein paar Australier, ein paar Kanadier, die Franzosen kamen erst einige Jahre später. Es ist sehr komisch, daß in der Fremde die Leute ihrer Nationalität entsprechend unter sich bleiben. Sogar bei Feten waren entweder die nordeuropäischen Leutchen unter sich oder die Latinos.
Es war jedenfalls andauernd was los. Auch über Weihnachten oder Silvester: Da war eine Fete am Strand. Da haben die Dealer Kohle springen lassen für einen Dieselgenerator, damit die Band Strom hat, und dazu haben alle möglichen Leutchen gespielt. Viele hatten ja Instrumente mitgebracht. Manchmal sind auch Leute von bekannten Bands dabeigewesen. Pete Townsend oder Buddy Miles und solche Leute.
Die Feten haben sich gelohnt. Die Inder haben schon in Bombay dafür geworben, zur Mondscheinfete der Hippies in Reisebussen nach Goa zu fahren. Bei Vollmond wurde grundsätzlich gefeiert. Die Leute haben alle Drogen gekriegt, die sie wollten. Die Musiker wurden richtig hofiert, die haben dann aber auch wirklich zehn, zwölf Stunden gespielt. Und alles hat getanzt. Am Anfang waren noch Leute von der »Brotherhood

of Eternal Love« mit dabei, die sind mit Tropfflaschen voller Acid rumgelaufen, also so richtig das 60er-Jahre-Hippie-Ding. Jeder konnte sagen, wie viele Tropfen er haben wollte.

Die Mieten für die Hütten haben früher nur ein paar Rupien gekostet, und dann haben sie immer noch jemanden abgestellt, der dir beim Wasserholen aus dem Brunnen und solchen Geschichten geholfen hat. Elektrizität und fließendes Wasser gibt es nicht an den Stränden, das ist klar. Wenn du Musik hören willst, dann mußt du eine Autobatterie mieten für den Strom. In Baga hatten sie später ein paar Strommasten. Aber abends holt ganz Indien Strom. Da flackern die Lichter, die Tonbänder werden langsamer. Die Glühbirnen leuchten so schwach, daß du kaum noch was siehst.

Und dann gab es natürlich haufenweise Liebesaffären. Jeder zog von Hütte zu Hütte. Es wurde durcheinandergefickt wie in der Berliner Scene.

Die Landschaft dort ist atemberaubend schön. Es macht Spaß, da mit dem Motorrad rumzufahren. Man kann die Dinger ganz billig mieten. Du mußt nur immer bei den Dorfein- und -ausgängen auf die Speedbreakers achten. Sie haben die in den Asphalt eingebaut, damit du bremsen mußt. Wenn du drauffährst, fliegst du weg, fliegst richtig durch die Luft und brichst dir alle Knochen. Zwei Berliner haben sich dabei totgefahren.

Der nächste kleine Marktflecken heißt Kandolin, das hat einen ganz kleinen Basar, eine Straße, ein paar Buden, ein paar Restaurants, einen Friseur, einen Schneider, eine Post, eine Polizeiwache – das war's. Dann kommt Mapsa. Das ist schon eine größere Stadt, in der auch schon wieder Hindus leben. An der Küste

gibt es sonst nur ein einziges Hindu-Dorf. In allen anderen Orten leben Christen. Und in Panjim, das ist die Hauptstadt von Goa, leben auch Moslems.
Goa sieht ganz anders aus als Indien sonst. Es gibt Reisfelder, viele Kokospalmen und überall Blumen. Gerade wenn du im November kommst, wenn der Monsun vorbei ist, blüht das ganze Land. Dann ist es traumhaft schön. Wir haben an so einem kleinen Fluß gewohnt, am Baga-River: Vor uns Reisfelder und hinter dem Fluß das Meer und die Palmen. Eine einmalige Idylle voller Ruhe und Harmonie. Am Tag sind ein paar Leute vorbeigekommen, denn unser Haus lag an einem kleinen Weg. Wir saßen auf der Veranda, und die kamen mit Früchten oder mit Kuchen oder mit Blumen und mit allem, was der Mensch sich vorstellen kann. Mit Fischen und Haschisch, mit Honig und Brot, mit Milch und Limonade. Alle wollten sie uns was verkaufen, wir brauchten nicht mal einholen zu gehen. Wir saßen vor unserer Hütte, meditierten, machten oder hörten Musik oder spielten Backgammon.
Dort habe ich immer die indischen Göttercomics gelesen. Die Dinger sind köstlich. Die ganze Geschichte und Mythologie wird in Comics erklärt. Alle 14 Tage kommt ein neues Heft heraus über irgendeinen Mogulkaiser und dessen Leben oder über die Geschichte Buddhas. Du begreifst auf eine ganz primitive Art und Weise.

Drogenrausch und Kräuterhexen

Was da für bizarre Typen rumtanzen war schon filmreif. Du mußt dir vorstellen, jede Macke, die sich irgendwo in Europa herausgebildet hat, war da in Gestalt irgendeiner Person vertreten. Typen im Draculakostüm oder splitternackte Damen, nur noch mit Kette oder einem Schlüssel »bekleidet«. Die unmöglichsten Gestalten in den dollsten Verkleidungen. Viele davon lebten schon jahrelang in Indien. Viele Engländer sind in Goa versackt. Da gab es eine ganze Mannschaft Schotten, die waren oben in Manali und haben dort Shit geerntet und dann in Goa verkauft und davon gelebt. Im Frühjahr sind sie wieder hochgezogen in die Berge. Die waren schon Jahre unterwegs. Dann gab es eine ganze Gang aus Birmingham, 20 bis 30 Leutchen, die haben Busse rumgefahren. Die sind auch nicht mehr nach Hause gegangen. Teilweise konnten sie auch gar nicht zurück. Desertierte deutsche Bundeswehrsoldaten zum Beispiel oder Leute, die wegen Drogengeschichten gesucht wurden. Natürlich gab es auch ganz normale Weltenbummler, irgendwelche deutschen Ingenieure, die natürlich nie geraucht haben. Die haben höchstens Cashewschnaps von den Goanern gesoffen. Da kriegst du ganz böse Ausblendungen von dem Zeug. Total klar, total hochprozentig. Damit kannst du auch Raketen abfeuern. Ist ein Markenzeichen von Goa. In Indien kannst du mit dem Zeug richtig dealen.

Schon frühmorgens kreuzen arabische Daus vor der Küste, deren Besatzungen auch schmuggeln. Das machen die schon seit Jahrhunderten oder Jahrtausenden. Die Fischerboote fahren an die Daus, ein Fischerboot wird beladen und schießt in irgendeinen Kanal weg. Heute schmuggeln sie meistens Videogeräte und Pornofilme. Die sind sehr gefragt in Indien. Das ist der beste Handelsartikel, den du mitbringen kannst, besser als Gold.

Sonntags sind immer ein paar Inder aus Bombay gekommen. Die meisten können nicht schwimmen, sie stehen vorn im Wasser und ziehen die Hosen ein bißchen hoch, und die Frauen heben den Sari ein bißchen. Sie juchzen dann immer, wenn eine Welle kommt, die bis fast ans Knie geht. Ein paar laufen mit Fotoapparaten rum und versuchen, die nackten Hippiemädchen zu fotografieren. Deswegen gibt es immer wieder Keilereien. Der Dicke hat mal einen hochgerissen, der hatte seine Freundin fotografiert, und mit allem drum und dran, mit Kamera, ins Meer geschmissen. Richtig wie Herkules im Film.

Die Hippies haben sich alle mit »Rock 'n' Roll« begrüßt. Es hat keiner mehr »guten Tag« gesagt, alle haben sie immer »Rock 'n' Roll« geschrien. Das war die offizielle Begrüßung. Es war eine schöne Zeit. Du hattest ein relaxtes Leben am Palmenstrand, wie sich das alle Spießer vorstellen, und brauchst nichts zu tun, du sitzt nur da und freust dich. Aber trotzdem hat es mich irgendwann gelangweilt. Das ist nämlich gar nicht meine Welt, die Palmenstrände. So hundertprozentig gefällt mir das nicht, das ist mir alles zu lieblich, zu süßlich. Oben in den Bergen oder in den Wüsten gefiel es mir immer besser. Die Landschaft ist rauher, großartiger.

Alle haben geraucht wie die Wahnsinnigen. An jedem Strand, alle paar hundert Meter saß ein Kreis von Leuten, die alle zwei Minuten geschrien haben:

»Alek Bumschanka.« Das schreien sie immer, wenn sie ein Schilum anstecken. Nachher war es schon soweit, daß dich immer die Sadhus gerufen haben, du sollst herkommen, weil sie wußten, du hast Haschisch dabei.

Manche sind auch total stoned in die Brunnen reingefallen und ersoffen. Die Brunnen sind nämlich fast ebenerdig. Da fällst du einfach rein, wenn du nachts ohne Taschenlampe unter den Palmen langläufst. Einmal sind wir zu viert herumgelaufen, und auf einmal war einer weg, klatsch, lag er in so einem Brunnen. Der hat sich zum Glück nicht verletzt. Aber man kommt nicht mehr von allein raus. Manchmal sind auch Schlangen unten drin, Frösche sowieso.

Im März wird das Wasser schon richtig knapp in Goa – und immer schlechter. Ein Grund, warum viele um diese Jahreszeit wieder abhauen. Außerdem sollte man das auch den Leuten lassen, die da wohnen und denen nicht das Wasser wegsaufen.

Eine Zeitlang war ich krank und bin jeden Tag zu Madame de Susa gegangen, zu so einer Kräuterhexe. Die hat das besser kuriert als eine Klinik in Europa, in der ich mit demselben Zeug auch war – Trichomonaden. Die Alte hat das weggekriegt, die Ärzte hier nicht. Die war richtig gut. Die hat auch total Ausgeflippte aufgenommen, die irgendwelche falschen Drogen genommen und mit niemandem mehr geredet, nur noch dagesessen hatten. Die hat sie auf ihre Veranda gesetzt und gefüttert und gemacht und getan. Sie war eine Goanerin, die haben ja alle portugiesische Namen, Fernandez, de Susa und so. Sie hatte eine Hornbrille auf, war zwischen 40 und 50 Jahre alt und hat in einem Winkel von Goa gewohnt, wo sonst nichts war. Eine

Gehilfin hat ihr die Kräuter aus dem Garten geholt. Daraus hat sie irgendwelche Breichen und Pülverchen und alles mögliche gemacht. Sie hat gesagt: »Du gibst soviel Geld, wie du denkst, es ist richtig.« Manche konnten überhaupt nicht bezahlen. Die war schwer in Ordnung. Sie hat die ganzen Verrückten wieder hingekriegt, so daß sie wenigstens wieder essen und sich einigermaßen allein durchschlagen konnten. Hier bringen sie die Kranken in Klapsmühlen und pumpen sie mit Chemie voll, die sitzen da jahrelang und sind immer noch irre. Die Alte hat das in 14 Tagen hingekriegt, das schafft hier nicht einmal ein ausgebildeter Psychologe.

Manche hatten auch Da Tura gefressen. Wenn du davon zuviel frißt, dann wirst du wirklich wirr im Kopf. Oder zu viele Trips geschluckt, oder sie haben einfach Indien nicht vertragen. Manche waren ja noch unheimlich jung, 16, 17 Jahre und von zu Hause abgehauen. Die sind da aufgetaucht und haben sich mit Drogen vollgeknallt. Natürlich sind da unheimlich viele ausgeflippt. Manchmal sind richtige Gespenster unter den Palmen langgewandert.

In Baga waren die eher noch Normalen. In Anjuna war der ganze Hippie-Jet-set, Hautevolee, also die reichen Ami-Dealer, Uschi Obermeier mit ihrem Herrn Bockhorn und Norbert Grupe und solche Kollegen, heppig, peppig. Einer aus Bremen hat in Anjuna monatelang unterm Baum gewohnt. Der hat seine Sachen da liegenlassen, seine Strohmatten, und ist in der Gegend rumspaziert. Dem hat nie einer was geklaut. Und von Strand zu Strand wird es immer komischer. In Wagator und Schapora sitzen die Leute im Lendenschurz da und meditieren vor sich hin. Manche sehen bunter aus als indische Sadhus, und die können schon erschrekkend bunt sein. Da war ein ganzer Trupp Deutscher, die waren schon völlig out, die kann man schon kaum mehr beschreiben. Sie hatten in die Kopfhaut alle Farben des Regenbogens tätowiert und die Haare gefärbt, die eine Seite trugen sie lang, die andere kurz, und sie hatten irgendwelche wallenden Gewänder an. Wilder als Punks, ganz wild schon. Da haben die indischen Sadhus aber geguckt.

Die Leute von der Berliner Fraktion haben sich übrigens untereinander am wenigsten vertragen, die waren manchmal schon richtig unsolidarisch. Die haben am meisten intrigiert und Fraktionskämpfe ausgefochten. Am besten waren die Birmingham-Kids. Die waren wirklich eine Mannschaft. Wenn einem was passiert ist, kam der ganze Trupp. Das waren Proleten, alle tätowiert, mit Ohrringen und langen Haaren, so richtige Heavy-Kids. Die haben auch gesoffen, also nicht nur geraucht. Wären die heute noch mal jung, wären sie hundertprozentige Punks. Es waren nicht alle solche Schlägertypen, da waren auch liebe und ruhige Leutchen drunter. Aber die haben zusammengehalten und sich auch gegen die Inder durchgesetzt. Denn es gab manchmal richtige Kämpfe auf dem Flohmarkt. Manchmal kamen bengalische Diebesbanden aus Kalkutta, die gehört hatten, da sind unheimlich viele Europäer in Goa, da ist genug Show, da werden wir mal klauen gehen. Einmal haben sie dort einer Braut, die ein Techtelmechtel mit dem Chef der Birminghams hatte, eine Uhr geklaut. Da sind die gleich hin und haben diese Bengalen fürchterlich zusammengeschlagen und ihnen die Uhr wieder abgenommen. Bei der Keilerei stand ein kleiner Goa-Junge am

Rand und schmiß immer wahllos Steine in das Knäuel der Kämpfenden rein. Einem von den Birminghams wurde das zuviel, der drehte sich um, guckte gar nicht hin, und haute dem voll einen Knüppel ins Maul, die ganzen Zähne splitterten weg. Dann fingen die Verwandten des Jungen an, mit Colaflaschen zu schmeißen. Die Schlägerei weitete sich sofort aus. Plötzlich haben alle aufeinander eingeschlagen, alles ist durch die Luft geflogen. Da war die Hölle los. Eine richtige Schlacht. Hunderte haben aufeinander eingeprügelt. Das wurde immer wilder und unübersichtlicher, und ich war mitten drin. Zehn Inder kamen auf dem Motorrad angefahren, kriegten Steine gegen den Kopf und sind umgefallen wie im Film. Die Inder haben dafür mit Molotow-Cocktails einen Bus der Birminghams abgebrannt. Der ist völlig ausgebrannt, ist klar.

Aber letztlich ist es ausgegangen wie das Hornberger Schießen. Nächstes Mal haben sie sich alle wieder vertragen. Ist doch klar, einer ist eben vom andern abhängig.

Immer hinterher – das BKA-Zielfahndungskommando

Wenn man auf der Flucht ist, dann muß man jeden Menschen danach beurteilen, wie weit man ihm vertrauen kann. Okay, ich hatte den Vorteil, daß ich Fremder war, es wußte ja keiner, daß ich woanders gesucht wurde. Ich konnte natürlich nirgends unter meinem richtigen Namen auftauchen, das ist auch klar. Manchmal habe ich einen richtigen Bart getragen, manchmal einen Schnurrbart, manchmal die Haare gefärbt. Aber einfach so, wie es mir gepaßt hat. Ich habe nicht dran gedacht, daß mich das eventuell maskiert oder nicht. Jemand, der dich kennt und plötzlich vor dir steht, der kennt dich halt. Wie willst du dich da groß maskieren? Einen Tirolerhut aufsetzen, einen Bart ankleben und eine Sonnenbrille auf die Nase? Natürlich gab es auch in Goa einige Berliner, die mich kannten, aber die haben das Maul gehalten.

Und außerdem sind ja in Asien keine Steckbriefe von mir mit Bild aufgetaucht, auch in England und Italien sind selten Fotos von mir in der Presse veröffentlicht worden. Irgendwann hat ja mal »Le Monde« eine Todesmeldung von mir gebracht. Das war ein sehr eigenartiges Gefühl.

Wenn du jemandem schreibst, dann kannst du das nur unter einer Tarnadresse machen. Denn wenn das BKA weiß, daß er dich kennt, dann mußt du jemand anders finden, der völlig aus dem Spiel ist oder den du tatsächlich nicht kennst, der nur seine Postadresse zur Verfügung stellt. Der andere kann sich dann dort die Briefe abholen. Du brauchst also einen »Briefkasten«. Du kannst niemandem direkt schreiben, auch deinen Eltern nicht, denn du mußt immer davon ausgehen, daß der Brief kontrolliert wird und die BKA-Leute oder jemand anders am Poststempel sehen, wo der herkommt. Denn bei Terrorismus wie in meinem Fall leisten fast alle Länder den Deutschen Amtshilfe. Nur die Ostblockländer nicht, aber das kann sich auch ändern.

Du kannst natürlich auch anrufen. Dann mußt du eine

Telefonnummer ausmachen, die auch nicht bekannt ist, und dann nie sagen, wer du bist, sondern Rotwelsch reden, ist ja klar. Du mußt tierisch aufpassen. Meine Freundin haben sie eine Zeitlang Tag und Nacht beobachtet. Die Mühe machen sie sich schon. Auch wenn jemand dir Geld schickt, der bekannt ist, darf der das nie von seinem Konto überweisen, denn die prüfen die ganzen Kontoabgänge. Da ist nichts mehr mit Bankgeheimnis, das kannst du dann alles vergessen.

Wir hatten auch unser eigenes Zielfahndungskommando vom BKA, der Dicke und ich. Das waren drei Leute in einem eigenen Dienstzimmer, einer vom Berliner Staatsschutz und zwei vom BKA. Sie wußten, der Dicke und ich sind fast immer zusammen, und sie machten nichts anderes, als nach uns zu suchen. Sie gingen zu jedem Schulfreund, von dem sie wußten, der hatte über die Schule hinaus Kontakt zu uns, und fragten nach allem möglichen. Sie sammelten alle Informationen über uns, ganz gleich, was es war, welche Zigaretten wir rauchten, welche Lieblingsfarbe, welche Lieblingsplatten, welche Bücher wir hatten, alles was sie erfahren konnten. Sie versuchten ganz in unsere Haut zu schlüpfen und so zu denken wie wir, um vorauszuplanen, was wir wohl gerade machen könnten, weil wir die und die Typen sind, die diese Interessen haben und jene Sachen verfolgen. Da baut sich also ein richtiger Datenschatten auf. Die kennen einen fast besser als man sich selbst.

Wenn sie irgendwo mal die Spur aufgenommen haben, versuchen sie so dicht wie möglich dranzubleiben. Sie fliegen sofort da hin. Das wird alles mit Spesen bezahlt. Sie sitzen immer in Fünf-Sterne-Hotels

und fliegen Erster Klasse. Sie können hinfliegen, wohin sie wollen. Einmal haben sie in einer kanadischen Zeitung gelesen, wir hätten ein Trainingslager in Nepal aufgemacht, und sind hingeflogen. Kein Mensch weiß, wie der Artikel zustande gekommen ist. Wann sich dieses Zielfahndungskommando gebildet hat, weiß ich nicht. Das wird wahrscheinlich im Zuge der Umstrukturierung des BKA entstanden sein. Solche Einsätze kosten den Steuerzahler natürlich Millionen. Aber trotzdem haben sie Jahre gebraucht, um uns zu finden.
Ich hatte mich ja eigentlich schon vom bewaffneten Kampf verabschiedet, aber ich wurde natürlich trotzdem noch gesucht. Außerdem müssen diese Typen ja den Nimbus wahren, jeden jagen zu können. Um den Leuten zu zeigen, daß ihre Steuergelder nicht vergeudet werden. Je länger jemand untertaucht, desto größer ist die Schlappe für sie. Doll ist das sowieso nicht, wie viele sie über die Jahre gefangen haben. Da werden wir ja schon als Erfolgsmeldung verbucht. Nach uns waren es nur noch Mohnhaupt, Klar, Schulz und Pohl. Eine ziemlich traurige Bilanz.
Als ich verhaftet wurde, habe ich mich ein bißchen mit den Typen unterhalten. Der eine hat, als ich schon in London war, die gesamte englische Musikpresse gelesen, um herauszufinden, zu welchen Konzerten ich eventuell gehe. Der ist nach London geflogen und hat sich diese Gigs angesehen. Die Pretty Things spielten einmal in der »Music Machine«, da wollte ich wirklich hingehen. Durch Zufall bin ich doch nicht hin. Aber der BKA-Typ war dort. Soweit denken die mit.
Man muß halt -zig Leute kennen, die einem helfen.

Uns hat mal die Witwe von einem geholfen, der am 20. Juli 1944 beteiligt war. Die hat ihre Adresse als Briefkasten hergegeben, mit der Begründung, sie ist schon mit der Gestapo fertig geworden, also... Inzwischen ist sie tot. Das war eine rein menschliche Geste, daß die mit uns sympathisiert hat, kann ich mir kaum vorstellen.
In Italien haben mir einige Leute von der Resistenza geholfen. Für die war das eine Selbstverständlichkeit. Hier in Deutschland hat es ja so eine Tradition gar nicht gegeben.

Verhaftung in Goa – ein Knast wie im Mittelalter

Im Frühjahr 1978 hatte einer aus Deutschland »Spiegel« und »Stern« mitgebracht, so daß wir ein bißchen im Bilde waren über die Terrorismus-Fahndung. Damals hatten wir abseits vom Strand ein Häuschen, in dem wir zusammen gewohnt haben. Meine Freundin war auch da. Und irgendwann kam eine andere Frau und hat uns gewarnt, daß die Polizei in unserem Haus ist. Der Dicke war schon abgehauen. Sie haben unsere falschen Pässe gefunden und unser Geld. Ich habe zu der Zeit Seidenklamotten gesammelt, um sie in Europa zu verkaufen, davon war eine ganze Tasche voll weg. Der Dicke ist bei anderen Freunden untergekrochen, und mir haben die Leute auch geholfen.
Später wollte ich mein Visum, das abgelaufen war, in Bombay verlängern lassen. Dort kannte ich einen In-

der, der mit den Behörden prima klarkam und vielen Leuten geholfen hat. Ich gehe also zum Flughafen Goa, um nach Bombay zu fliegen, und halte meinen Paß hin, und auf einmal stehen da -zig Leute um mich herum, die verflixt nach Interpol aussehen: »Sie sind verhaftet.« Sie halten mir ein Bild vom Dicken vor. Ich sage: »Das bin ich nicht, tut mir leid, das sind zwei verschiedene Leute, was soll's.« Darauf die: »Nein, nein.« Es kommen aber immer mehr von diesen Armeeinheiten, die die Flugplätze bewachen und gukken alle auf das Bild und sagen: »Doch, das ist er.« Ich bin fast wahnsinnig geworden. Das ist doch die Horrorsituation überhaupt: wegen einer Verwechslung aufzufliegen.
Das ging zwei Stunden hin und her. Mein Flugzeug war inzwischen weg. Ich stand da wie ein Kind im Dreck. Sie haben auch noch Haschisch gefunden, da haben sie sich besonders gefreut. Es war nichts zu machen, kein Entkommen. für die sehen eben alle Weißen gleich aus. Total absurd. Das Bild vom Dicken hatten sie natürlich in unserem Haus gefunden. Dann haben sie in Deutschland beim BKA angefragt. Die haben natürlich gesagt: »Hallo, den Mann brauchen wir.« Weder mit Schreien und Toben noch mit Bestechung konnte ich sie überzeugen, daß ich nicht der Dicke war. Auf einmal klingelt das Telefon, der Polizeichef geht ran und fragt: »Can you speak english, Sir?« Da werde ich natürlich hellwach, mir ist klar, wen der in der Leitung hat. Die BKA-Leute sind schon in Delhi. Der Polizeichef sagt: »Dein Hubschrauber nach Delhi und die Lufthansamaschine nach Frankfurt sind schon bereit.« Jetzt wird's kritisch, denke ich, jetzt aufpassen. Ich überlege schon, wen ich niederbo-

xen kann: wenigstens noch einen Versuch machen. Auf einmal sagt er: »Zeig mal deine Arme.« Der Dicke hat Tätowierungen und Brandnarben auf der Stirn. Die habe ich natürlich nicht. Er prüft noch mal genau meinen Ausweis, der noch nicht als gestohlen gemeldet war. Und er sagt: »Nein, von dem wollen wir nichts.« Sie haben mich dann in einen Jeep verfrachtet und sind mit mir zu einem Gefängnisturm gefahren. Den hatten die Portugiesen vor 500 Jahren gebaut. Ich habe krakeelt und getobt, und sie haben mir Handschellen angelegt. Mit den Handschellen bin ich auf diesen Turm losmarschiert. Die Kulisse war filmreif. Sie sperrten mich in den Turm, schlossen mich an eine Kette mit Kugeln, ein Haufen Stroh lag in der Ecke. Ganz, ganz doll, wie im Mittelalter. Aus dem Fenster konnte ich eine Palmenbucht und ein arabisches Segelschiff sehen. Die ganze Nacht habe ich mit den Ketten rumgeklappert.
Am nächsten Morgen begann die gleiche Prozedur wie vorher. Dann waren sie zwar schon überzeugt, ich bin's nicht, aber sie hielten mir vor: »Wir haben Haschisch bei dir gefunden.« So ging die Vernehmung weiter. Ich hab gedacht, du mußt hier unbedingt raus, weil irgendwann der BKA-Onkel aus Delhi auftaucht, irgendwann wird der hier auf der Matte stehen, und spätestens dann wird auch er merken, um wen es sich hier handelt. Dann ist es wirklich vorbei. Sie haben mich in ein Zimmer gebracht, und da sitzt ein Typ und blättert die bunten Postkarten durch, die ich gesammelt hatte und die sie mir abgenommen hatten. Eine davon ist eine ganz bunt schillernde Karte aus Mekka. Er sagt: »Oh, die ist schön.« Ich sage: »Paß auf, ich schenke dir die Karte, aber du mußt mich rausholen,

das sind hier alles nur Christen und Hindus und keine Moslems, du kannst mich denen unmöglich ausliefern. Laß dir was einfallen, du kriegst auch Geld dafür, wir kommen schon irgendwie klar.« Da sagt der: »Gut, paß auf.« Er rennt rüber zu einem Richter. Nach einer Viertelstunde kommt er wieder und fragt: »Bist du bereit, tausend Rupien zu zahlen?« Na, aber ohne Sprechen. Wir sind also rüber zu dem Richter, und der haut mir dann einen Stempel in ein Papier.
Und dann nichts wie los nach Bombay. Dort hab ich nachts den Dicken getroffen und ihm das alles erzählt. Der hat mir nicht geglaubt, wie üblich. Ich sagte: »Die sind hier, wir müssen hier raus!« Er meinte dann: »Gut, ich werd mich auch mal absetzen fürs erste.«

Ab nach Rom

Am nächsten Tag schon bin ich über Athen nach Rom geflogen. Ich war der erste an der Tür, sie ging auf, die Gangway kam hochgefahren, und plötzlich standen da schwer bewaffnete Carabinieri, alle mit Maschinenpistolen im Anschlag, und zwei Typen in Zivil, mit Knarre in der Hand. Sie rennen auf das Flugzeug zu, schreien mich an: »Ausweis!« Ich geb Ihnen den Ausweis, sie sehen ihn an und sagen: »Das ist er nicht.« Und zu mir: »Du kannst gehen.« Ich sage: »Ja, tschüs.« Und mache, daß ich so schnell wie möglich rauskomme aus dem Flughafen.
Am nächsten Tag las ich in irgendeiner italienischen Zeitung, daß auf dem Flug zwei junge Italiener verhaftet worden sind, die 18 Kilo Haschisch bei sich hatten.

Ich hatte die auch beim Check in Bombay gesehen. Sie hatten das Zeug in einer ausgestopften Riesenschildkröte versteckt. Andererseits war mir klar, solchen Aufwand machen sie nicht wegen zwei Haschischschmugglern, da müßte mehr dahinter sein. Sie hatten mich gesucht.

Aber ich bin in Italien schon häufiger verhaftet worden, ohne daß es Folgen hatte. Einmal bin ich von einer Schwulenfete gekommen mit ein paar Schwulen. Wir hatten uns verfahren, keiner hatte Papiere bei sich. Die Carabinieri haben uns mitgenommen auf die Wache und wieder laufen lassen. Dann ist mir noch mal dasselbe Ding passiert mit dem Paul Getty, da haben sie uns auch mitgenommen auf die Wache und auch wieder gehen lassen. Und einmal haben sie mich in Trastevere verhaftet. Da hat mir eine Braut ein Päckchen Rauschgift gegeben, hat vorher noch über die Straße gekräht, und ich stecke das ein, und in demselben Moment steht ein Typ vor mir, hält mir einen Ausweis hin und sagt: »Hier, Carabinieri, gib mal das Päckchen her.« Ich sage: »Nee.« Da sagt er: »Ja, ich bin von der Polizei, hast du mal vom Hauptmann von Köpenick gehört?« Ich hab in dem Augenblick instinktiv gemerkt, der will mich nur abziehen, und hab gedacht, nein, ich geb's ihm nicht freiwillig. Dann haben sie mich mitgenommen auf die Wache, denn er war wirklich von der Polizei. Und der Türvorsteher bekam einen Schreikrampf: »So ein Schwein wie dich müßte man im Steinbruch zu Tode schinden!« Ich mußte mir das Lachen verbeißen, weil ich dachte, nun flippt er völlig aus, der war wirklich sauer. Da bringt mich derselbe Typ wieder die Treppen runter, und an der Tür sagt er: »Guck mal, wie die dich betrogen haben.«

Er macht das Päckchen auf, und es ist gar nichts mehr drin. Ich hab gewußt, der wollte nur das Zeug für sich haben. Das hatte ich an seinen Augen gesehen. Der wollte den Stoff umsonst von irgendeinem Junkie, er war ja Polizist.

Dennoch war mir auch in Italien das BKA dicht auf den Fersen. Dem Dicken auch. Der war nach Nepal geflüchtet, da sind sie ihm hinterher. Aufgrund eines Zeitungsartikels, daß deutsche Terroristen ein Ausbildungslager in Pokhara errichtet hätten, sind sie dort aufgetaucht. Er kam gerade noch weg.

Ich fand Rom langweilig. In dieser Scheißstadt ist doch nichts los. Ein, zwei Discos, und die sind auch todlangweilig. Rom ist, so gesehen, die langweiligste Stadt der Welt. Die Leute gehen abends ins Restaurant und essen und quatschen, und dann gehen sie wieder nach Hause. Ein richtiges Nachtleben wie zum Beispiel Berlin hat Rom nicht. Okay, die Stadt als solche ist natürlich traumhaft schön, von der Architektur und Kultur her. Aber irgendwann hast du das ja alles mal gesehen, irgendwann kennst du dich da aus, und es reizt nicht mehr.

Für mich war es natürlich eine praktische Stadt, wegen Post und Telefon, da war ich schließlich drauf angewiesen. Die italienische Post ist verheerend, aber in Rom konnte ich die Vatikanpost benutzen. Darüber konnte ich zwar keine Briefe empfangen, aber welche abschicken, wo ich sicher war, die kommen am nächsten Tag an. Die Vatikanpost arbeitet einwandfrei. Die italienische hingegen hat schon mehrere Güterwaggons voll Briefe, die sich bei Streiks angesammelt haben, als Altpapier an Papiermühlen verkauft. Millionen von Briefen, das ist denen scheißegal.

Ich mußte ja schließlich sehen, daß ich an das Geld für mein erstes Buch komme. Das habe ich immer über Italien gemacht, weil das in Indien gar nicht geht. Dieses ganze Geschäft, Briefe, Anrufe, habe ich den Sommer über immer von Italien aus gemacht. Außerdem habe ich die indischen Sachen verkauft, die ich mitgebracht hatte. Man muß ja auch von was leben.

Und plötzlich sah ich die Leiche von Aldo Moro...

Einmal bin ich fast in die Entführung von Aldo Moro reingeraten. Ich war gerade aus Indien gekommen. Zwei Tage später höre ich auf einer Bank die Radiodurchsage, daß sie den Moro gekidnappt und seine Eskorte erschossen haben. Da sagt der Bankbeamte zu mir: »Na, ist doch prima, dann streiken wir mittags.«
Ich weiß nicht, wie das damals in Deutschland nach der Entführung von Schleyer war. Aber aus Rom hätten sie den auf'm Fahrrad rausbringen können. Ab und zu gab es mal eine Kontrolle. Also vollkommen lächerlich, totale Fehlplanung. Damals waren 40 BKA-Beamte unten, um die Italiener zu untersuchen, die sind nach 14 Tagen entnervt weggefahren, nach dem Motto, macht doch euern Scheiß selber. Es gab tausend Pannen bei der Fahndung. Manche hängen ja der Verschwörungstheorie an, daß sie ihn gar nicht finden wollten. Einmal haben die Bullen irgendwelche Nachbarn nach einer Wohnung ausgefragt, und die sagten,

da wohnt so 'n freundlicher junger Herr, darauf die Bullen: »Dann brauchen wir ja nicht nachgucken.« Das ist in Deutschland undenkbar, hier ist es sogar umgekehrt. Wenn die hören, dieser Mieter ist besonders freundlich, dann kommen sie garantiert wieder. Terroristen sind sehr freundlich, und wenn im Haus neue junge, freundliche Mieter sind, dann heißt es, bitte besonders aufpassen. Jedenfalls hat sich die Entführung hingezogen, und zum Schluß habe ich mich auch gar nicht mehr groß darum gekümmert. Eines Vormittags wollte ich nach Cinecitta mit dem Bus. In Largo Argentina, das ist ein altes Zentrum, um die Ecke sind die Hauptquartiere der Democrazia Cristiana und der Kommunistischen Partei, wollte ich bloß umsteigen. Es war ein beknackter Morgen, nieselig trüb, und plötzlich sehe ich überall Polizei, in Zivil, auf Motorrädern. Ich gehe also die Straße runter, um zur Piazza Venezia zu kommen. Da kommen zwei Typen und gehen in eine Seitenstraße, da steht ein Stückchen weiter ein roter R4. Sie fangen an, das Auto aufzubrechen. Ich denke, das sind ja zwei ganz großartige, bei diesem Polizeiaufgebot. Zu der Zeit war es alltäglich, daß Touristen ihr Auto abstellten und schon die Geier an der Ecke standen, um das Auto aufzubrechen. Ich hab gedacht, das gibt's doch nicht, die müssen doch sehen, daß hier alles zugebaut ist, das sind ja Irre. Da machen die den Kofferraum hinten auf, und der ist mit Decken vollkommen zugestopft. Sie ziehen die Decken beiseite, und ich sehe noch ein Büschel graue Haare. Ich hab nicht mehr gewartet, daß er die Decke noch weiterzieht. Ich bin nur noch gerannt. Zum Glück kam ein Taxi, ich bin reingesprungen, und der ist los. Das Taxi war das letzte Auto, was durch die Sperren gekommen ist. Die Bullen haben alle Leute an die Hauswände rangetrieben und alle Autos angehalten.

Ich wußte aus Zeitungen und Fernsehen, daß Moro graue Haare hatte, fast graue Haare. Mehr wollte ich gar nicht mehr sehen. In dem Augenblick war mir klar, warum die ganze Polizei da war.

Noch im Taxi kam auch schon die Nachricht aus dem Radio. Der Taxifahrer dreht sich plötzlich um und sagt: »Hören Sie mal, sind Sie da nicht eingestiegen?« Ich sage: »Ja, aber leider muß ich jetzt aussteigen.« Ich bin auf dem freien Feld ausgestiegen und in eine Nebenstraße abgebogen, daß der mich nicht mehr sieht, und zu Fuß weiter zu meinem Kumpel. Hätten die mich so in der Nähe getroffen, die wären mir schlicht ans Eingemachte gegangen. Die nehmen einem gesuchten deutschen Terroristen ja nicht ab, daß er damit nichts zu tun hat. Als deutscher Terrorist einen italienischen Ministerpräsidenten ermordet zu haben, das wäre übel ausgegangen.

Aber solche Sachen passieren wahrscheinlich auch nur mir. Einmal war ich in Wien ganz allein in einer Wohnung, im Fernseher läuft eine Ski-Übertragung, und unten läuft plötzlich ein eingeblendeter Text: »Alle Reservisten bei ihren Kasernen melden.« Ich denke, Mensch, was ist denn hier los, bricht der Krieg aus? Ich höre auch schon andauernd Polizeisirenen. Da hatten sie kurz vorher, in dem Moment, als ich in Wien gelandet bin, die OPEC-Minister gekidnappt. Ich hab mir die ganze Nacht die Live-Übertragung angesehen.

Einmal bin ich sogar freiwillig in den Knast gegangen. Ich war mit einer Braut in einer Stadt in der Toskana.

Wir hatten keinen Raum zum Schlafen. Es gab nicht mal eine Parkbank. Irgendwann kam mir die Idee, wir gehen einfach zur Carabinieri-Station und fragen, ob wir da nicht in irgendeiner Zelle eine Nacht pennen können, immerhin besser als ganz ohne Bett. Es gab dort wie in allen Toskana-Städten so hohe, viereckige Türme, da waren die Carabinieri drin. Auf der Straße ging so ein verschlafener Typ, der sagte uns, jaja, könnt ihr machen, da ganz oben, da ist auch keiner. An jeder Seite des Turms waren vergitterte Fenster ohne Scheiben drin. Wir haben dort gelegen und uns geliebt. Die Wolken sind mitten durch den Turm durchgetrieben, weil sie so niedrig waren. Wir haben uns also in einer Wolke geliebt, im Gefängnis, das hätte ich nie für möglich gehalten. Am nächsten Morgen haben sie uns sogar noch Kaffee gekocht, die guten Leute von den Carabinieri. Das war meine schönste Nacht im Knast.

Einmal habe ich in Rom einen Banküberfall erlebt. Die Carabinieri schossen mit MPs rum. Ich bog um die Ecke, da standen sie drei Meter vor mir und fingen an zu feuern. Ich bin gleich wieder umgekehrt und losgerannt.

Ein andermal haben irgendwelche Leute von der »Autonomia« ein Polizeirevier überfallen. Sie haben sich maskiert vor das Revier gestellt und mit Pistolen das Feuer eröffnet. Die Carabinieri sind rausgekommen und haben zurückgeschossen. Die Autonomen sind im Marktgewühl untergetaucht. Ich wollte eigentlich nur Brot vom Bäcker holen und hatte ein kleines Mädchen von Freunden dabei. Ich hab die Kleine auf den Arm genommen, und wir sind losgerannt, in die Gassen rein, da liefen die Kapuzenleute schon an mir vorbei. Ich konnte mit dem Kind noch geradeso in einen Hausflur springen, ich hab gedacht, das darf doch alles nicht wahr sein. Das war im Sommer '76, da waren die Zeiten richtig wild. Damals gab es auch dauernd Demonstrationen. Da bin ich einmal auch nur knapp davongekommen. Sie hatten schon alle Gassen abgesperrt und Tränengas geworfen und alle an die Wände rangestellt und mit 'nem Gummiknüppel vorn Kopf gehauen. Ich bin durch eine Seitengasse davon.

Und wieder durch die halbe Welt

Im Herbst '76 bin ich wieder losgefahren, erst mit dem Auto bis Istanbul und dann weiter nach Afghanistan und Pakistan. Da habe ich mich dann schon viel besser ausgekannt. Je öfter man die Strecke fährt, desto interessanter wird es. Man weiß, an welcher Grenze welcher Zöllner ist. Man trifft die Leute wieder, die man kennt. Und man hat sich an das Klima, die Sprachen, die Sitten und Gebräuche, die Kleidung gewöhnt.
Die Fahrerei ist allerdings ganz schön anstrengend: jeden Tag bis zu 14, 15 Stunden auf der Straße, um die nächste Stadt zu erwischen, um da irgendwo schlafen zu gehen. Wenn gar nichts klappt, muß man halt im Auto schlafen. Die Türkei und Persien hab ich versucht, so schnell wie möglich zu durchqueren. Die Bekanntschaften, die ich dort gemacht hatte, haben mir gereicht. Ich wollte so schnell wie möglich nach Afghanistan. Und nicht nur ich.

An der afghanischen Grenze habe ich einen Wiener Frauenarzt in einem Sportwagen getroffen. Der ist eines schönen Tages im vollen Captagon-Trip aus seiner Klinik raus, hat sich ins Auto gesetzt und ist einfach losgerast in seinem Rausch. Der hat das in ein paar Tagen, also in unheimlich kurzer Zeit bis nach Afghanistan geschafft. Er fragte: »Wo sind wir?«, und war richtig überrascht. Der hatte ein Aussteigersyndrom, er ist ausgeklinkt und abgehauen. Der kann nur noch an Tankstellen gehalten haben.
Ich bin dann länger in Afghanistan geblieben. Ich wollte einfach immer mehr von Asien sehen. Mich hat die ganze Art zu leben fasziniert. Dort habe ich mich einfach wohler gefühlt als in Europa. Wenn ich nach Herat kam, war das immer schon wie eine Heimat. Man lebt dort einfach viel unbefangener, lässiger. Du kannst dich irgendwo auf der Straße hinsetzen, und kein Mensch guckt dich schief an. Und du kommst viel eher mit Leuten ins Gespräch. Die leben nicht so aneinander vorbei wie bei uns.
Wie viele Male ich insgesamt von Italien und später von England aus nach Asien losgedüst bin, weiß ich schon gar nicht mehr. Zuerst immer noch mit dem Auto, später nur noch mit dem Flugzeug. Nach Khomeinis Machtübernahme in Iran und dem russischen Einmarsch in Afghanistan ging das gar nicht mehr anders, die Grenzen waren dicht. Meistens war ich im Sommer in Europa und im Winter in Asien, vor allem am Khyberpaß und im Swat Valley. Ich bin immer etwa im Oktober losgefahren, eineinhalb Monate oder zwei durch Indien gefahren, und war dann um Weihnachten rum in Goa.

Deutscher Herbst
in Pakistan

Daß die RAF im Herbst 1977 den Hanns-Martin Schleyer entführt hat, hab ich in Italien durch die Schlagzeilen in der Presse erfahren. Zu diesem Ereignis hab ich irgendwelchen Studenten aus Marburg, die ich kennenlernte, noch 'ne Flasche Sekt ausgegeben. Die wußten allerdings nicht, wer ich bin.
Am nächsten Morgen bin ich von Rom aus nach Istanbul geflogen und hab mir dort noch mal deutsche Zeitungen besorgt. Ich kannte ja auch viele der Beteiligten, zumindest hab ich alle gekannt, die in Stammheim saßen. Ich hab dann eine Mitfahrgelegenheit bei irgendwelchen Stuttgartern gekriegt bis Teheran. Einer von ihnen war Werkmeister bei Mercedes. Der hat von einem Streik bei Mercedes erzählt. Damals mußte der Schleyer durch die Hintertür aus dem Verwaltungsgebäude flüchten, sonst hätten die Arbeiter ihn erschlagen. Der Werkmeister war natürlich gegen die Entführung, das war ja ein normaler deutscher Arbeiter, aber so beliebt war der Schleyer bei denen nun auch wieder nicht.
Ich wollte eigentlich zum Khyberpaß und nach Goa, bin dann aber wieder einen Monat in Herat geblieben. In der Zeit habe ich weder Nachrichten gehört noch Zeitungen gelesen. Ich hab nur manchmal deutsche Tramper getroffen und sie ausgefragt, die erzählten aber auch nur von Stillstand und Verhandlungen und daß die Entführung immer noch anhält.
Ich bin dann über den Khyberpaß nach Pakistan. In der »Khyber Mail«, einer englischen Zeitung für die Stammesgebiete, las ich dann, daß die »Landshut«

entführt wurde, um die RAF-Leute aus Stammheim rauszukriegen. Im Swat Valley bin ich 14 Tage lang per Trecking durch die Berge gezogen, das war wunderschön, jedenfalls hab ich dann auch nicht mehr so viel an die Geschichte gedacht.
Ich wohnte in einem Hotel in Swat Valley, und der Hotelier sagte mir eines Morgens: »Paß auf, ich fahr zu meinem Onkel nach Karatschi, hier hast du die Hotelschlüssel, und wenn einer kommt, dann gibst du dem halt ein Zimmer, und wenn du Lust hast, kannst du dir auch was zu essen kochen. Ich komme in ein paar Tagen wieder.« Mitte Oktober wird es da oben schön kühl, und ich wollte heizen. Irgendwo lag auch noch ein Riesenstapel Zeitungen rum und ein bißchen Kerosin und ein bißchen Holz zum Feuermachen. Ich nahm also eine Zeitung in die Hand und wollte sie zerknüllen, und plötzlich lese ich, daß die RAF-Leute in Stammheim ermordet worden sind. Da stand richtig: ermordet. Die »Khyber Mail« hat nichts von Selbstmord geschrieben. Für die war klar: Die sind getötet worden. Das sind doch alles Kämpfer dort, die können sich das gar nicht anders vorstellen. Ich dachte selbst auch, daß es Mord war. Ich hab also angefangen, die ganze Zeitung durchzublättern, da war die Geschichte mit Mogadischu drin und alles, und ich hab das dann versucht zu rekonstruieren. Draußen wurde es gleichzeitig schlagartig dunkel, richtig schwarz, und es fing an zu gießen, daß man die Hand nicht mehr vor Augen sehen konnte. Das ist 48 Stunden lang so geblieben, es hat ununterbrochen geblitzt und geknallt, um ein Uhr mittags war schwärzeste Nacht. Ich hab den Arm ausgestreckt und die Hand wirklich nicht mehr gesehen. Es war fürchterlich,

draußen dieses Unwetter und dann das. Das war eigentlich das einzige Mal, daß ich nach Deutschland zurück wollte, aber nur noch, um Rache zu üben. Ich habe einen unbändigen Haß gekriegt, die Emotionen haben mich richtig überschwemmt. Zwei Tage später, auch so um Mittag rum, hat das Unwetter erst aufgehört. Ich wollte einfach nur raus, aus dem Zimmer raus, auf die Dorfstraße. Zwölf Leute sind ertrunken bei diesem Unwetter. In einem Himalajatal wird ein kleiner Fluß oder Bach plötzlich zum reißenden Strom bei so einem Regen. Die Wassermassen reißen alles innerhalb von Minuten weg. Die Leute haben die Toten vorbeigetragen, und auf den Flüssen trieben aufgequollene Schafe, die Beine nach oben, über 200 Stück Vieh sind kaputtgegangen. Das war wie in einem Bild von Hieronymus Bosch, selbst die Turbane und Decken der Leute paßten. Der absolute Horror. Also erst mal in mir selber der Horror und dann auf der Straße noch mal so ein Bild: die Leichen und das tote Vieh.

Ich wollte nur noch weg. Ich bin in einen kleinen Bus gestiegen und nach Kalam ans Ende des Swat-Tals gefahren und von dort aus zu Fuß weiter, durch die riesigen alten Wälder mit ihren dunklen Bäumen. Ich bin einfach einen Tag durch den Wald gelaufen, und abends bin ich zurück nach Kalam, denn da oben gibt es noch allerhand wildes Tierzeug, Schneeleoparden und Bären. In Kalam hab ich nur ein Hotelzimmer genommen. Ich hatte mir eine Grippe geholt, eine richtig schwere, ich war fix und fertig. Ich lag nachts mit Fieber im Bett.

Irgendwann wurde es so heiß in dem Raum, oder mir war so heiß, jedenfalls hab ich die Tür aufgemacht. Es war Vollmond, und es lag schon eine dünne Decke Neuschnee. Links und rechts konnte ich die riesigen Schneegipfel des Himalaja sehen, zum Beispiel vom Nanga Parbat. Die Luft da oben ist so dünn, daß auch das Licht ganz anders aussieht. Am Nanga Parbat liefen die Regenbogen rauf und runter, und jede Bergspitze war in einer anderen pulsierenden Farbe: die eine grün, die andere rot. Mitten in der Nacht schreiend bunte Farben. Gleichzeitig tauchte aus dem Neuschnee eine Karawane auf, und die jungen Mädchen und alten Leutchen haben mir zugewinkt, als ob sie wüßten, was mit mir los ist. Das war ein richtig überirdischer Moment. Meine Krankheit und mein ganzer Haß schwanden angesichts dieses überwältigenden Natureindrucks und dieser Leutchen.

Die Russen kommen

Am selben Tag war der spätere russische Verteidigungsminister Sokolow zu Besuch in Jalalabad, um den neuen afghanischen Flughafen einzuweihen. Das war etwa ein halbes Jahr vor dem russischen Einmarsch in Afghanistan.
Ich bin dann auch nach Jalalabad gefahren, ein paar Tage später. Ich mußte nämlich einmal im Monat über den Khyberpaß nach Afghanistan und dann wieder neu einreisen, weil das Visum für Pakistan jeweils nur einen Monat gültig war. Ich bin dann immer zwei, drei Tage in Afghanistan geblieben und wieder zurück. Und in Jalalabad habe ich einen Aufstand gegen die Russen erleben dürfen.

Nachdem Sokolow weg war, haben die Russen der afghanischen Regierung nämlich geraten, die Mudschahedin-Rebellen in Kafiristan zu bombardieren. Aber die Afghanen auf dem Flugplatz von Jalalabad haben sich plötzlich geweigert und die russischen Mannschaften auf dem Flugplatz erschossen. Die Regierung hat die Armee eingesetzt und ist mit Panzern gegen sie vorgegangen. Ein Teil von ihnen ist nach Pakistan getürmt, ein Teil hat Widerstand geleistet. Ich habe die ganze Nacht die Schießereien am Flughafen gehört. Am nächsten Tag konnte ich nicht raus, auf der Straße wurde noch gekämpft. Ich habe 24 Stunden lang ohne zu essen im Hotel gesessen, weil es wirklich unangenehm war, auf die Straße zu gehen. Die haben nämlich schon Steine auf Ausländer geschmissen.
Das Klima wurde immer unerträglicher und der Fremdenhaß immer stärker.
Auch in Herat sind damals die Mudschahedin plötzlich aus den Bergen gekommen und haben alle Russen massakriert, die in der Stadt waren. Über 120 Leute haben sie auf Kreuze genagelt, auf dem Marktplatz aufgestellt, ihnen dann mit einem Rasiermesser die Haut abgezogen und Benzin rübergegossen und angesteckt. Männer wie Frauen haben die weggemacht, richtig Jagd gemacht auf alle Weißen in der Stadt. Vier junge Bundeswehrdeserteure aus Deutschland haben gerade zu der Zeit im Restaurant gesessen und sich vor Angst zwei Tage lang unterm Tisch versteckt, unter der Tischdecke. Der Wirt des Restaurants hat nachher einen Lastwagen besorgt, damit sind die dann bis Pakistan durchgefahren. Als sie in Peshawar ankamen, waren sie fix und fertig, kein Geld, nichts mehr bei sich, nur noch ihre Pässe. Sie konnten auch nicht zur

deutschen Botschaft, weil sie ja von der Bundeswehr abgehauen waren, die waren also fix und fertig. Die Pakistani haben dann Geld gesammelt für sie, und eine Französin hat sie nach Teheran mitgenommen.
In dieser Zeit stand ich an der afghanischen Grenzstation Tor Bhum irgendwann mit einer Kalaschnikow am Fenster und durfte das Haus gegen die Mudschahedin verteidigen. Der Zöllner hat gefragt: »Kannst du mit einer Waffe umgehen?« Ich sagte: »Klar.« Da hat der mir eine Kalaschnikow in die Hand gedrückt und gesagt: »Hier, nimm mal auseinander.« Ich hab sie auseinandergenommen, das Magazin wieder eingesetzt. Dann hat er gesagt: »Bitte schön, jetzt stell dich hier ans Fenster, und wenn die nachts kommen: schießen! Und nicht soviel Haschisch rauchen, sonst schläfst du ein.« Dann stehst du da. Du kannst dir noch nicht mal die Fronten aussuchen. Ich bin ja für die Mudschahedin gewesen. Aber was willst du denn machen? Zum Glück haben sie nicht angegriffen. Da war ich sehr froh und glücklich, und die waren ganz stolz und haben mir Vorträge gehalten über den Sinn und Zweck der afghanischen Revolution.
Und eines Nachts, als ich mit meiner Freundin mal wieder in Jalalabad war, fuhren plötzlich wieder Panzer auf. Sie fuhren über die Bürgersteige, richtig über die Leute rüber. Ein Sikh auf einem Fahrrad ist nicht schnell genug weggekommen, der Panzer ist einfach über den rübergerollt. Im Dämmerlicht haben wir gar nicht mitgekriegt, was das denn nun für Panzer sind. Es waren russische, aber wir wußten nicht, ob die von Russen oder Afghanen gefahren wurden.
Als ich dann wieder mit meiner Freundin im Hotelzimmer sitze, klopft es plötzlich. Ich mach die Tür auf

zu einem schwach beleuchteten Gang und sehe nur oben an der Mütze den roten Stern. Drei Mann hoch kommen die Russen rein, zwei mit der Kalaschnikow, der dritte Offizier. Das ist ja wirklich der klassische Horror: Du machst die Tür auf, und die Russen sind da. Der Offizier sagt: »Ausweis!« Ich hab zwei Jahre Russisch in der Schule in der DDR gehabt und ihn verstanden. Da hab ich ihm den Ausweis gegeben. Sie guckten noch im Zimmer rum, gaben mir den Paß wieder und sind rausgegangen.

Ich bin gleich runter zu dem Hotelier: »Du, paß auf, Alter, besorg ein Auto, jetzt fahr ich, jetzt aber noch raus hier. Scheiß egal, was passiert. Den Film kenn ich zu gut, danke. Ich gehe.« Er hat einen kleinen Toyota-Laster voller Melonen aufgetrieben, wir haben uns oben auf die Melonen gesetzt und sind Richtung Khyberpaß losgefahren. Unterwegs haben sie überall um den Flughafen und die Straße gekämpft. Alle zehn Minuten hatte jemand anders die Straße in Besitz, so wie in Beirut. Das ist diese abwegige Situation, wenn du nie weißt, wen du vor dir hast. Manchmal standen die Russen, manchmal Afghanizivilisten, man wußte nicht mehr, sind die jetzt übergelaufen oder kämpfen die auf der anderen Seite. Bei jeder Kontrolle wurden wir unter vorgehaltener Knarre nach Waffen durchsucht und mußten den Ausweis vorzeigen. Das ging so weiter, bis wir endlich am Khyberpaß waren. Die Grenzbeamten fragten: »Was ist denn los?« Ich sagte: »Die Russen sind da, die Stadt ist voll mit denen.« Das wußten die noch gar nicht.

Seitdem bin ich nie wieder in Afghanistan gewesen. Das hat mir gereicht. Selbst wenn der Krieg irgendwann vorbei ist, das wird nie wieder, wie es früher

war, da ist zuviel kaputtgegangen. Das wird nie mehr so eine ruhige Atmosphäre haben. Das ist vorbei. Es sind ja Weiße gewesen, die ihr Land vernichtet haben.
Ich hab auch einmal von meinem Haus in Swat Valley aus gesehen, wie da an der afghanischen Grenze plötzlich riesige Rauchfahnen in der Luft standen. Dann haben wir rausgekriegt, das war eine Karawane aus Frauen und Kindern, die aus Afghanistan flüchten wollten, die haben die Russen mit Napalm weggebrannt.

Punk – Kulturrevolution in England

Ich hab mich dann entschlossen, erst mal in England zu bleiben, vor allem wegen der Punk-Bewegung. Anfang 1977 ging das so richtig los. Ich hab mich gefreut, daß es wieder so eine richtige Jugendbewegung mit wilder Musik gibt. Wir haben früher ja auch so ähnliches gehört, MC Five, die Yardbirds oder so. Früher fand ich von den ganzen Rock 'n' Rollern Little Richard am besten. Für mich ist Rock 'n' Roll erst interessant, wenn sie richtig anfangen zu schreien und zu toben, also wenn es wirklich ekstatisch wird. Wenn es zu reiner Energie wird. Diese ganzen Glamour-Gruppen mit ihren gefälligen Melodien haben eigentlich nichts mehr mit der ursprünglichen Energie vom Rock 'n' Roll zu tun, das sind nur noch Pseudokunstwerke. Irgendwo hat der Rock 'n' Roll einen religiösen Touch, wenn du so willst. Das kommt bei den vielen seichten

Bands heutzutage, wo es nur auf die Fassade ankommt, überhaupt nicht mehr zur Wirkung, die Musik ist entsprechend nichtssagend.
Bei den englischen Punks war das halt nicht so. Du hast gemerkt, das ist eine Musik, die Jugendlichen Spaß macht, bei der sie sich austoben können, wo Energien freigesetzt werden. Das war wie eine Kulturrevolution in der Kulturrevolution, der Punk hat den Rock 'n' Roll wieder revolutioniert.
Den ersten englischen Punks bin ich 1977 in Dharmsala an der tibetanisch-indischen Grenze begegnet, da wo der Dalai-Lama wohnt.
Dort haben die Hippies einen Flohmarkt gemacht sonntags, auf einer Wiese. Sie saßen da und haben zum 150. Mal »Mr. Tambourine-man« gespielt, es war entsetzlich. Ich hab gedacht, o mein Gott, wann nimmt das alles ein Ende. Dieses ganze weinerliche Gewimmer geht mir tierisch auf den Sender, dieses saft- und kraftlose Gejammer. Aber da saßen eben auch ein paar junge Engländer mit bunten Haaren und haben von den Punks erzählt. Mir wurde klar, das ist ähnlich wie mit uns Haschrebellen 1967, derselbe Trip, auf dem wir auch drauf waren, aber zur Vollendung gebracht, zur Massenbewegung. Okay, die hatten keine langen Haare mehr, sondern kurze bunte, aber wenn du dich ein bißchen auskennst, so erkennst du sofort die Zeichen, oder besser: die Symbole.
Da hab ich mich dann entschlossen, nach London zu fahren. In Asien war sowieso immer mehr Trubel, und mich hat Punk einfach unheimlich interessiert. Bei uns hat das ja auch mit der Musik angefangen. Ich bin zuerst noch nach Ibiza und von da aus nach London.

In London habe ich bei einem Hausbesetzerkollektiv gewohnt. Das war so eine ehemalige Release-Geschichte. Da haben sich alle erdenklichen Leute, die keine Wohnung gefunden haben, zusammengetan und leerstehende Häuser renoviert, die ihnen zur Verfügung gestellt worden waren.

Eine Weile lang habe ich in Brixton gewohnt. Das ist der schwärzeste Punkt von Europa, 80 Prozent der Einwohner sind schwarz, da fällst du als Weißer schon auf. Die Schwarzen spielen sehr viel Reggae. Und viel Polizei lungert da rum, da ist ständig Spannung in der Luft, schlimmer schon als Kreuzberg mit seinem Verhältnis Polizei contra Türken. Es gab ja auch schon viele Aufstände und Unruhen in Brixton, immer wieder. Dort wohnen sonst noch ein paar Rentner, ein paar Hells Angels, ein paar Junkies und Flipper, also alles Lumpenproletariat und eben halt die ganzen Schwarzen.

Als ich dort angekommen bin, hat der Taxifahrer gesagt: »Da läufst du alleine rein, da fahre ich gar nicht rein.« Ich sage: »Na, hören Sie mal!« Aber der blieb bei seinem Standpunkt. Ich mußte dann noch auf die guten Leute warten, mit denen ich verabredet war, die waren gar nicht zu Hause. Eine alte Oma hat mich in ihre Wohnung gelassen und mir Tee gekocht.

Ich habe an mehreren Plätzen gewohnt, auch in Paddington, aber die meiste Zeit in Huckney, wo wir diese Häuser repariert haben, einen ganzen Straßenabschnitt von diesen typisch englischen Einfamilienhäusern mit Vorgärten aus Queen Victorias Zeiten. Dahinter war noch ein Gärtchen, da haben die Leutchen Gemüse angebaut und Hühner gehalten. Da waren nur Freaks, in einem Haus nur Skinheads, im anderen nur Punks, im dritten nur Motorradfreaks und natürlich Sozialarbeiter. Die sind alle untereinander ausgekommen. Höchstens mal irgendwelche Streitereien, Eifersuchtsdramen. Sogar die Skinheads waren ziemlich lieb, die haben keinem was getan. Da bin ich dann immer wieder hin, wenn ich gerade in London war.

Viele Anarcho-Punk-Bands haben in der Gegend ebenfalls gewohnt und auch immer irgendwo gespielt, es gab mehrere Schuppen und Pubs. Das ist ein ziemlich bunt gemischter Stadtteil mit vielen Pakistani und Indern, aber nicht ganz so schwarz wie Brixton.

Ich hab mir selbst natürlich auch die Haare geschnitten. Für jemanden wie mich hatte Punk noch den Vorteil, daß ich mich wieder ein bißchen verkleiden konnte. Je ausgeflippter die Leute aussehen, desto besser für einen, der gesucht wird.

Ich bin dann immer mit den Leutchen mitgegangen zu den Punkkonzerten in den Hinterzimmern irgendwelcher Kneipen. Da standen dann etwa hundert Punks rum und haben sich gefreut. Und ich mich auch. Mir hat das ein Gefühl gegeben, als sei wieder Bewegung in die Jungen geraten. Daß sich der ganze Einsatz von uns also gelohnt hat. Im ersten Augenblick waren mir die reichlich verwilderten Sitten schon fremd, aber dennoch war das richtig toll. Ich hab im Hintergrund gestanden und mich riesig gefreut. Ich fand die Bands alle gut. Die Sex-Pistols hab ich nur einmal gesehen, mit dem Gitarristen von Thin Lizzy, der ist inzwischen tot.

London ist eine tolle Stadt. Ich war ja auch schon 1969 einen ganzen Sommer dort. In Europa ist das die einzige Stadt mit einer so gewaltigen Ausdehnung. Du kannst Stunden unterwegs sein. Und ich finde auch, die Engländer sind besser drauf als die Deutschen. In London kannst du als Deutscher bequem leben, die sind freundlicher und auch ein bißchen toleranter. Da kannst du aussehen, wie du willst, da sagt keiner was. Okay, es gibt diese Kriege Skinheads gegen Punks oder Mods gegen Rocker, wenn du nun als Punk rumläufst und triffst die vom anderen Stamm, dann kann es Ärger geben. Aber die Normalbevölkerung ist tolerant. Du kannst als Punk irgendwo reinkommen, und die bleiben weiterhin freundlich, die sagen auch noch Sir zu dir. Du bleibst auch selbst freundlich, weil du nicht den ganzen Tag angemacht wirst.

Die letzten drei Jahre vor meiner Verhaftung war ich im Sommer nicht mehr in Italien, sondern immer in London. Dieser Geist der Rebellion und der Provokation hat mir total gefallen, der war irgendwie revolutionär.

Dort gab es auch ganz normale Rock 'n' Roll-Kneipen, in denen Eltern ihren Kindern Rock 'n' Roll-Tanzen beigebracht haben. In Deutschland hab ich das nie gesehen. Die Punkerin, mit der ich in London zusammen war, hat das auch von ihrer Mutter gelernt. Aber in anderen Ländern ist der Generationsbruch auch nie so kraß gewesen wie bei uns.

Das war für mich eine unheimlich angenehme Zeit, da rumzutoben. Der Punk ist eigentlich ein harmloses Vergnügen, du tust ja niemandem weh, auch wenn du ein bißchen ruppig auftrittst.

Durch die Punkerin habe ich unheimlich viele Leute kennengelernt, die später mit ihren Bands berühmt geworden sind. Auch Boy George, damals noch ein vollkommen unbekannter Typ. Richtig rausgekommen ist er erst, als ich schon im Knast saß. Manche waren aber auch schon damals berühmt, die »Motörhead« zum Beispiel. Einige haben mitgekriegt, was ich für eine Vergangenheit hatte, und als ich verhaftet wurde, haben viele Bandmitglieder, etwa von »Motörhead«, meiner Freundin geholfen und ihr Geld gegeben und mir T-Shirts in den Knast geschickt. Die waren ja auch alle von der Tendenz her anarchistisch eingestellt wie ich. Viele haben auch bei diesen Anarchos mitgemacht, haben alte anarchistische Publikationen gedruckt und solche Geschichten. Ein paar von den Skinheads hatten einen Nazitick, klar. Als dann später die Friedensbewegung sich zu formieren begann, sind viele Punks mitmarschiert.

Astrid Proll, die aus der RAF ausgestiegen ist, ist auch in London verhaftet worden, vor mir. Nach ihrer Verhaftung gab es ein Benefizkonzert für sie, auch Punkbands haben mitgemacht. Die Bewegung war schon politisch, aber Musik, Klamotten und Auftreten standen eben im Vordergrund. Eine Ideologie oder weltanschauliche Generallinie gab es nicht.

Ich war auch mal bei einer Hausbesetzung dabei, in Brixton. So etwas passierte schon häufiger. Also nicht bloß auf Kultur und Musik oder Kleidung. Die Heavy-Metal-Scene heute ist wieder ganz unpolitisch.

Ich hab mich in England sehr heimisch gefühlt. Mit den ganzen Leutchen war es sehr angenehm. Ich habe mich ziemlich sicher gefühlt, weil ich schon einige Verhaftungen hinter mir hatte und gedacht habe, jetzt kann nicht mehr viel passieren. Ich bin in London auch einmal wegen Trunkenheit verhaftet worden, man hat mich aufgelesen, und ich bin frühmorgens in der Victoria-Station in der Wache wachgeworden.

Dann haben sie nach Papieren gefragt, ich hab sie ihnen gegeben, sie haben den Computer gefragt und gesagt: »Gut, alles in Ordnung, kannst wieder gehen. Nächstes Mal gibt es eine Verwarnung, wenn wir dich wieder besoffen irgendwo aufgreifen.«

Die Verhaftung

Mein Fehler war, daß ich irgendwann Arbeitslosenunterstützung bezogen habe und ärztliche Betreuung, also den Wohlfahrtsstaat genutzt habe und dadurch natürlich registriert war, zwar mit einem falschen Paß, aber immerhin. Dadurch sind sie mir draufgekommen. Daran sieht man wieder, wie sehr ich mich schon zu Hause gefühlt habe.
Nach zehn Jahren Flucht und Illegalität verdrängst du sowieso die Möglichkeit, daß dir überhaupt noch was passieren könnte, du denkst, das geht immer lustig weiter gut. Es gibt Momente, da merkst du, du wirst einfach müder, irgendwo zehrt der Streß ja doch an dir, daß du nie normal in Erscheinung treten kannst wie andere Menschen.
Irgendwann hatte ich Geld gekriegt für mein Buch und hab mit der Punkerin die ganze Nacht durchgefeiert. Für den nächsten Morgen hatten wir den Schornsteinfeger bestellt. Wir wachen mit einem totalen Kater auf, also fix und fertig, und es klopft an der Haustür. Ich will gerade runtergehen zum Tee kochen und mache einfach die Haustür auf und sage »komm rein« und gehe weiter in die Küche. Plötzlich merke ich, wie jemand an der Tür rückt. Ich mache die Tür richtig auf,

und da stehen schon acht Mann hoch, halten mir gleich Knarre und Ausweis hin und sagen: »Sind Sie Mr. Green? Sie werden in Deutschland gesucht.« Ich sage: »Du, Mr. Green wird in Deutschland überhaupt nicht gesucht, kann ich dir jetzt schon sagen.« Da sagt einer: »Passen Sie auf, wir wollen hier noch Fingerabdrücke abnehmen.« Ich sage: »Nee, das können wir uns sparen.« Dann sagt er: »Also kommen Sie mit.« Ich sage: »Klar.«
Dann haben sie noch nach Waffen gesucht, obwohl ich gesagt habe, daß ich keine habe. Meine Freundin und ich haben uns angezogen und sind mitgefahren. Sie konnte wieder gehen. Ich hab gesagt, die weiß von gar nichts, laßt die wieder gehen. Mich haben sie dabehalten. Die waren total überrascht, daß ich die ganze Zeit rumgealbert und rumgelacht habe, so was kannten die gar nicht. Die nehmen ja auch immer die IRA-Leute fest. Die haben eine Schimpfkanonade erwartet und waren ganz erstaunt, daß ich so ruhig und gelassen und heiter dagesessen habe. Was sollte ich denn auch machen, sollte ich mich aufregen? Wenn du Pech gehabt hast, hast du Pech gehabt.
Ich hatte vorher den Fall Astrid Proll studiert, und ich wußte, die liefern mich aus, ob ich noch einen Prozeß führe oder nicht, und das hab ich mir dann gespart. Und zu der Zeit haben gerade die Knastwärter gestreikt, und die Armee hat die Gefängnisse versorgt. Ich hab gedacht, na um Gottes willen, bloß nicht, dann lieber zurück nach Deutschland.
Ich sehe ja so was anders, ich rege mich dann gar nicht auf. Ich hab ja zehn Jahre ein schönes Leben gehabt, ein vollkommen erfülltes Dasein in den zehn Jahren, besser hätte ich es nicht treffen können. Wenn sie

mich nun halt verhaftet haben, na gut, hab ich Pech gehabt, aber ich hab ja die ganzen Jahre davor Glück gehabt, darum hat mich das weiter gar nicht erregt in dem Augenblick. Es gibt Momente, da wünschst du dir vielleicht auch, es hätte dich gleich zu Anfang erwischt. Aber dir ist augenscheinlich doch die Aufgabe zugewiesen worden zu überleben, sonst hättest du nicht überlebt. Ich habe unheimlich viel Glück gehabt.

Hi Ho

Einen bewaffneten Kampf fängst du ja mit dem Bewußtsein an, daß du dabei draufgehen kannst. Du bist bereit, dein Leben zu riskieren. Okay, das gehört dann halt dazu, den Weg hast du doch selber gewählt. Ob das jeder in der vollen Dimension für sich begriffen hat, weiß ich nicht, manche haben vielleicht nur jaja gesagt, und als dann die Situation brenzlig wurde, haben sie die Nerven verloren. Es sind ja viele bei irgendwelchen Aktionen total ausgerastet und haben die Beherrschung verloren. Wenn du nur intellektuell beschlossen hast, einen bewaffneten Kampf zu führen, fehlt dir irgendwie eine Dimension. Wenn du selbst die Erfahrung gemacht hast, mal ein Außenseiter gewesen zu sein, wenn die bestehende Gesellschaftsform dir selbst übel mitgespielt hat und du sie auch deshalb ablehnst, bist du vielleicht konsequenter. Rein theoretisch sind Intellektuelle sicher eher bereit, sich mit dem Elend in der Dritten Welt auseinanderzusetzen. Aber wer (mitten in Europa) mal selbst zu einer

unterprivilegierten »Randgruppe« gehört hat, hat oft von vornherein ein ganz anderes Verhältnis zur etablierten Gesellschaft. Es ist wichtig, die Wurzeln militanter Bewegungen zu erkennen, ohne daß man deshalb ihre gewaltsamen Aktionen billigt. Soviel muß den Bürgern in einem Industriestaat zuzumuten sein – in einer von krasser Ungerechtigkeit geprägten Welt.
Nicht wissen wollen zählt nicht. Na ja.
Irgendwie war ich auch erleichtert, daß dieser ganze Druck weg war mit meiner Verhaftung. Eine bestimmte Anspannung, die ich jahrelang in mir gehabt habe, die war plötzlich weg. Bei mir hat sich das so geäußert, andere Leute werden sich anders verhalten. Das kommt auf jeden einzelnen an, wie er konditioniert und in seinem Innersten beschaffen ist. Zwei Tage lang haben sie mich zuerst von Polizeiwache zu Polizeiwache geschleppt, in irgendwelchen Sicherheitstransportern, und dann zum Flughafen gefahren. Im Flugzeug nach Deutschland saßen dann schon diese Leute vom berühmt-berüchtigten Zielfahndungskommando des BKA, die Leute, die jahrelang hinter mir hergefahren sind und mich um die halbe Welt verfolgt haben. Zwei waren das. Der eine war ein ziemlich fähiger Mann, kann man nicht anders sagen, mit dem konnte ich mich über alles unterhalten, über Zen-Buddhismus und alles mögliche, er hat zumindest immer versucht, mitzuhalten.
Dennoch wird ein Apparat wie das BKA wohl überbewertet. Ich hab einmal in Österreich und in Italien sogar zweimal in Filmen mitgespielt, das hätten sie eigentlich mitkriegen müssen, aber es ist nichts passiert. Irgendwie gibt es immer Wege, ihnen zu entkommen.

Ich habe im Flugzeug zu denen gesagt: »Passen Sie auf, ich lade Sie zu einer Flasche Sekt ein, weil ich ein fairer Verlierer bin, bitte schön.« Nachher hat aber die Stewardeß gesagt, das bezahlt alles die Lufthansa. Die haben mir auf meinen Wunsch noch Zigaretten besorgt, damit ich in Moabit nicht ohne was zu rauchen dasitze. Ich hatte Handschellen an und saß ein bißchen abseits.
Schließlich sind wir in Frankfurt gelandet. Auf der Flughafenwache kam ein dicker Wachtmeister und sagte: »'n Abend, Herr Baumann, schön daß Sie da sind, dann kann ich Sie ja ausstreichen.« Da hing ein langer Steckbrief mit etwa hundert Leuten drauf, also allen, die in dem Zusammenhang gesucht wurden. Da hat er mein Bild ausgestrichen, hat mir einen Kaffee angeboten und war ganz glücklich.
Von da aus haben sie mich nach Berlin geflogen. Typisch Berlin: Du kommst an, alles ist neblig und naßkalt, wie Anfang Februar so üblich.
Am nächsten Tag haben sie mich in das Untersuchungsgefängnis Moabit gebracht. Wie viele Leute ich da kenne, ist mir erst dann bewußt geworden, als ich dort wieder auf dem Gang stand und plötzlich alle kamen und mir die Hand geschüttelt haben. Die kannte ich noch aus dem Jugendgefängnis Plötzensee. Sie waren inzwischen alle wieder da. Ich kannte fast den ganzen Knast bis auf die Ausländer. Offenbar werden tatsächlich 85 Prozent aller Knastis wieder rückfällig. Die haben auch alle so getan, als ob ich nie weggewesen wäre, die ganzen zehn Jahre: »Tag« und »Wie geht's denn so?« Das war schon doll. Hi Ho.